MANUAL DO NEW RÁDIO

FERNANDO VÍTOLO
HERÓDOTO BARBEIRO
NILO FRATESCHI JR.

MANUAL DO NEW RÁDIO

GUIA PRÁTICO PARA CRIAR PROGRAMAS DE SUCESSO EM TODAS AS PLATAFORMAS

ACTUAL

MANUAL DO NEW RÁDIO: GUIA PRÁTICO PARA CRIAR PROGRAMAS DE SUCESSO EM TODAS AS PLATAFORMAS
@ALMEDINA, 2024

AUTORES: Fernando Vítolo, Heródoto Barbeiro e Nilo Frateschi Jr.
DIRETOR DA ALMEDINA BRASIL: Rodrigo Mentz
EDITOR: Marco Pace
EDITORA DE DESENVOLVIMENTO: Luna Bolina
PRODUTORA EDITORIAL : Erika Alonso
ASSISTENTES EDITORIAIS: Laura Pereira, Patricia Romero e Tacila Souza

REVISÃO: Casa de Ideias
DESIGN DE MIOLO E CAPA: Casa de Ideias
IMAGENS DO MIOLO: Acervo pessoal dos autores e dos participantes

ISBN 978-65-87019-90-1
Junho, 2024

DADOS INTERNACIONAIS DE CATALOGAÇÃO NA PUBLICAÇÃO (CIP)
(CÂMARA BRASILEIRA DO LIVRO, SP, BRASIL)

Vítolo, Fernando

Manual do new rádio : guia prático para criar programas de sucesso em todas as plataformas Fernando Vítolo, Heródoto Barbeiro, Nilo Frateschi Jr.. -- São Paulo : Actual, 2024.
Vários colaboradores.

ISBN 978-65-87019-90-1

1. Comunicação de massa 2. Comunicação de massa - Influência 3. Cultura digital 4. Jornalismo 5. Mídias digitais 6. Podcast (Redes sociais online) 7. Plataforma digital 8. Rádio digital 9. Rádio Cultura - História I. Barbeiro, Heródoto. II. Frateschi Jr., Nilo. III. Título.

24-204801 CDD-384.54

Índices para catálogo sistemático:
1. Rádio como veículo de comunicação 384.54
Aline Graziele Benitez - Bibliotecária - CRB-1/3129

Este livro segue as regras do novo Acordo Ortográfico da Língua Portuguesa (1990).

EDITORA: Almedina Brasil
Rua José Maria Lisboa, 860, Conj.131 e 132, Jardim Paulista | 01423-001 São Paulo | Brasil
www.almedina.com.br

NEW RÁDIO É...

1 Viver em um momento de grandes mudanças.

2 Entender como as novas mídias alcançam a audiência.

3 Diferenciar os modismos na internet das novas plataformas sólidas.

4 Aceitar a presença de novas ferramentas de produção e exibição.

5 Procurar envolver e utilizar o maior número de plataformas possíveis.

6 Manter canais permanentemente abertos ao público.

7 Ficar atento ao avanço de novas tecnologias.

8 Olhar para frente e deixar o passado para a história do rádio.

9 Ser criativo para obter suporte econômico para a emissora.

10 Entender que a competição é muito maior agora do que jamais foi.

SER UM BOM COMUNICADOR É...

1 Não perder um minuto quando estiver ao vivo.

2 Dizer sempre o nome da sua estação com orgulho.

3 Estar feliz por apresentar um programa.

4 Falar sempre a verdade, como só você sabe fazer.

5 Fazer o programa de hoje com o mesmo entusiasmo do primeiro dia.

6 Ser você mesmo com humildade.

7 Usar sua experiência de vida com moderação.

8 Não divulgar assuntos da sua vida particular.

9 Trabalhar em equipe, pois ninguém produz nada sozinho.

10 Receber críticas, pois elas ajudam a melhorar o programa.

ATENDER O PÚBLICO-ALVO É...

1 Identificar seus sonhos e suas necessidades.

2 Apresentar soluções para questões do dia a dia.

3 Surpreendê-lo com conteúdo inusitado.

4 Compartilhar alegria, otimismo e bem-estar.

5 Jamais chateá-lo com assuntos que só interessam a você.

6 Ser companheiro no dia a dia.

7 Observar quais são os assuntos que mais cativam o ouvinte.

8 Surpreender, emocionar, cativar e se solidarizar com o ouvinte.

9 Apresentar formatos diferenciados da concorrência.

10 Ser o único canal ou emissora que atende às necessidades do ouvinte.

O CAMINHO DA CONQUISTA DA AUDIÊNCIA É...

1. Falar de forma que a audiência possa imaginar o que está sendo contado.
2. Juntar-se ao assunto mais importante do dia.
3. Ouvir sua emissora e concorrentes e fazer apontamentos.
4. Admitir publicamente quando não sabe sobre determinado assunto.
5. Ousar pensar grande e criativamente.
6. Apoiar outros programas e apresentadores de sua emissora.
7. Transferir sua audiência para o comunicador que vai sucedê-lo.
8. Nunca perder o espírito crítico, ouvir críticas mais do que elogios.
9. Lembrar de que nada está tão bom que não possa ser melhorado.
10. Colocar-se na posição do público-alvo e avaliar o que está sendo apresentado.

O NEW RÁDIO EXIGE...

1 Ter conteúdo em todas as plataformas disponíveis.

2 Buscar o público onde ele estiver.

3 Entender os desejos da audiência.

4 Divulgar ao máximo as plataformas digitais disponíveis.

5 Chamar a atenção para imagens divulgadas no YouTube quando essenciais ou inéditas.

6 Oferecer prestação de serviço contínua que alcance o público no celular.

7 Respeitar as características de cada plataforma digital disponível.

8 Utilizar voz, conteúdo relevante e imagens do estúdio.

9 Realizar entrevistas, sempre que possível, por meio de aplicativos com imagem.

10 Não confundir o New Rádio com televisão, pois ele tem como pilar a comunicação sonora.

“Aquilo que ouço eu esqueço
Aquilo que vejo eu lembro
Aquilo que faço eu aprendo.”

Confúcio

“As pessoas sempre têm medo das mudanças. Tinham medo da eletricidade quando foi inventada.”

Bill Gates

THE RADIO IS DEAD, GOD SAVE THE NEW RÁDIO!

Para

Acácio L. Costa
Aleksandar Mandic
Alvaro Bufarah
Antonio Toledano
Arlete Taboada
Boni
Carmen Lucia José
Cátia Toffoletto
Cidinha Campos
Celso Freitas
Chico Paes de Barros
Claudio Nicolini
Dani Mel
Débora Santilli
Fausto Silva
Fernando Vieira de Mello
Flávio Lara Resende (ABERT)
Hugo Rodrigues
Isidro Barioni
Ivete Jayme
Jaques Kaleidoscópio
João Lara Mesquita
Jorge Guilherme
José Paulo de Andrade
José Roberto Marinho
José Simão
Juliana Paiva
Luisa Borges Rocha
Maria Lydia
Mariza Tavares
Mauricio Guisard
Miriam Ramos
Neneto Camargo
Nizan Guanaes
Olga Bongiovanni
Orlando Negrão
Osmar Santos
Patrick Santos
Paulito Machado de Carvalho
Paulo Cesar Ferreira
Paulo Novis
Ratinho
Regiani Ritter
Ricardo Boechat
Rodrigo Neves (AESP)
Rose Campos
Roxane Ré
Salomão Ésper
Tuta/Tutinha – A.A.A de Carvalho(filho)
Vera Moreira
Washington Olivetto
Yara Peres
Zallo Comucci

E muitos outros que modernizaram e empreenderam no rádio.

Agradecimentos

Acácio Luiz Costa, Alvaro Bufarah, Anderson Souza, Annelise C. O. Gonzalis, Dóris O. de Paulo Gonzalis, Ênio Vergeiro, Erika Alonso, Érico San Juan, Fabio Kataoka, Giovanna Frateschi, Giuseppe Frateschi, Izabel Resende, Juscelino B. Gonzalis, Luna Bolina, Maiara Bastianello, Marcelo do Ó, Márcia Franco, Marco Pace, Maurício Bastos, Oscar Piconez, Paulo Gregoraci, Paulo Rodolfo Lima, PJ Negreiros, Regina Bernardes Moreira da Silva, Regis Salvarani, Rodrigo Neves, Thiago Uberreich e Wilson Rianelli.

AVISO !

Milhares de pessoas foram fundamentais para o crescimento e desenvolvimento do rádio no Brasil. Seria impossível reunir todas essas pessoas em um único livro. Dentro de nossas limitações, fizemos o possível para entrar em contato com muitas delas, às quais agradecemos e recebemos as contribuições que estão presentes nesta obra. Este livro é multiplataforma, isto é, você precisará de um celular ou tablet para ler os QR codes disponíveis e ter acesso a opiniões pessoais de diversos profissionais, como jornalistas, radialistas, publicitários, empresários, professores e comunicadores, sobre o futuro do rádio. Muitos deles fornecem orientações valiosas sobre as adaptações necessárias nos dias atuais. Nem todas as opiniões estão em concordância. Há divergências. No entanto, as diferenças são importantes para a construção de qualquer meio de comunicação, e o New Rádio não é uma exceção.

VIVA O NEW RÁDIO!

Participam deste livro com seus depoimentos

Adão Casares
Adriana Reid
Aldo Vilela
Alexandre Ferreira
Alvaro Bufarah
Amorim Filho (Mano Véio)
Ana Pellicer
Anchieta Filho
Andrea Trigueiro
Andrei Rossetto
Antoninho Rossini
Antonio Toledano
Arlete Taboada
Bernardo Veloso
Bruno Scartozzoni
Carlos Righi
Carlos Silvio Paiaiá
César Oliveira
Chaim Zaher
Ciro Guimarães
Claudio Junqueira
Cláudio Nicolini
Claudio Zaidan
Cristina Torelli
Daniela Pedroso
Danilo Fuin
Danilo Gentili
David Wilson
Débora Alfano
Debora Cristina Lopez
Débora Santilli
Diguinho Coruja
Douglas Miquelof
Eduardo Montone
Elmo Francfort
Érico San Juan
Fábio Oliveira
Fábio Zamana Santos
Fefux Ribeiro
Felipe Santos
Fernando Mariano
Fernando Martins
Fernando Morgado
Filomena Salemme
Francisco Aiello
Guilherme Bryan
Haisem Abaki
Helen Braun
Hugo Rodrigues
Irmãos Piologo
Izani Mustafá
Jair Duprá
João Lara Mesquita
Jorge Vinícius
José Abrão Filho
José Alves Trigo

José Arbex Jr.
Júlia Lúcia
Juliana Paiva
Kaká Rodrigues
Karen Cristina K. Abreu
Leandro Lacerda
Leila Mendes
Livia Zanolini
Lorena Calabria
Luiz Henrique Romagnoli
Maiara Bastianello
Marcelo Duarte
Márcio Guerreiro
Marcos Júlio Sergl
Marquês
Maurício Guisard
Maurício N. Tavares
Mauro Beting
Melissa Vogel
Michelle Gomes
Mii Saki
Milton Jung
Nelson Gomes
Neneto Camargo
Olga Bongiovanni
Paula Moraes
Paulito Carvalho
Pedro Vaz
Rafael Righini
Raphael Rianelli
Raphael Thebas
Ratinho
Reinaldo Gottino
Reinaldo Polito
Renata Perobelli
Renato Lombardi
Renato Tavares
Ricardo Beccari
Ricardo Fadul
Ricardo Shimada
Roberto Coelho B. Filho
Roberto D'ugo Jr.
Roberto Tranjan
Rodolfo Bonventti
Rodrigo Neves
Rogério Assis
Samuel M. H. da Silva
Sheila Magalhães
Silzete Moreira
Tamiris Felix
Thiago Uberreich
Vicente William da Silva
Vitor Brown
Wannessa Stenzel
Zé Luiz

100 ANOS DE
RÁDIO
NO BRASIL
NA VOZ DOS CAMPEÕES DO MICROFONE

Os autores

Fernando Vítolo

Fernando Vítolo iniciou sua trajetória no mundo do empreendedorismo e da comunicação desde cedo, aos 12 anos, quando ainda estava na escola. Ele é graduado em Comunicação Social, com ênfase em Rádio e TV. Atualmente, Fernando está à frente da Younik e administra seu canal no YouTube, onde realiza entrevistas com diversas personalidades. Para mais informações e contatos, acesse www.fernandovitolo.com.br

Heródoto Barbeiro

Heródoto Barbeiro é advogado, historiador, jornalista, comentarista e âncora da Nova Brasil FM. Tem diversos livros publicados nas áreas de jornalismo, história e budismo. Trabalhou em várias emissoras de rádio e TV, jornais e revistas. É editor do Por Dentro da Máquina. Contatos em herodoto.com.br

Nilo Frateschi Jr.

Nilo Frateschi Jr. é publicitário, nasceu em São Paulo, SP, no dia 29 de agosto de 1958. Iniciou a carreira na J. W. Thompson e teve passagens pelo SBT e pelas revistas Manchete e Afinal. Rádios em que trabalhou: Rádio América, Cadeia Verde Amarela, Rádio São Paulo, Rádio Capital, Rádio Excelsior, Rádio Globo, Rádio Globo FM, Rádio CBN, Rádio Band News FM (um dos criadores da Rede BandNews FM), Rádio Antena 1, Rádio Paradiso, Rádio Estadão/ESPN, Rádio Eldorado e é um dos idealizadores do B.A.R. (Bons Amigos do Rádio), evento que homenageia profissionais de Rádio.

SUMÁRIO

CAPÍTULO 1

O INÍCIO

- O VOO DA VELHA ÁGUIA
- A DONA DA RUA
- NOVOS INQUILINOS
- O AM DEIXA O RÁDIO DO CARRO
- NO FM OU NO DIGITAL? NOS DOIS...
- O QUINTO MEMBRO
- ON AIR X ONLINE
- NEW RÁDIO COM IMAGEM
- ÁLBUM DE FIGURINHAS – PARTE 1

O VOO DA VELHA ÁGUIA

A águia precisa tomar uma difícil decisão. Ela está em uma idade avançada. Suas garras estão compridas e flexíveis, não conseguindo mais agarrar o alimento. O bico está alongado e flexível, suas asas estão pesadas e envelhecidas. Já se passaram mais de 40 anos desde que ela voou pela primeira vez.

Decide enfrentar um doloroso processo de renovação. Recolhe-se no topo de uma montanha e bate o bico contra a rocha até conseguir arrancá-lo. Aguarda o nascimento de um novo bico e, com ele, arranca as velhas unhas. Com as novas unhas, começa a arrancar as velhas penas.

Após algum tempo, quando as penas renascem, ela parte para um voo de renovação, confiante na vitória e preparada para viver mais 40 anos.

Nossa homenagem ao rádio, que após um século, renova-se no New Rádio.

Os autores.

O que é o New Rádio?

A DONA DA RUA

Compadre falar mal da comadre é tão antigo quanto a Sé de Braga. Ninguém passava são e salvo pela janela do velho casarão da antiga Travessa do Hospício, na baixada do Parque Dom Pedro, em São Paulo.

Dona Juventina, uma senhora idosa e maquiada, com batom carmim e pulseiras de missangas nos punhos e no pescoço, nunca saía do seu posto.

Ela sabia de tudo o que acontecia nas antigas casas da rua e no antigo cortiço em frente à sua decadente e descorada casa. Ela conhecia todos os detalhes e os divulgava amplamente. Era dessa forma que as fofocas, as brigas, os pequenos furtos e as análises do caráter das pessoas eram espalhados pela comunidade. As notas escolares, os bilhetes de advertência, as reprovações na escola e os romances entre estudantes eram espalhados com eficiência pela velha senhora.

Escândalos maiores, como traições, recebiam destaque especial e não passavam despercebidos pela janela de Juventina sem que ela contasse o caso e fizesse perguntas para aprimorar suas histórias. Ninguém duvidava se tudo aquilo era verdade ou não. A princípio, era considerado verdadeiro, uma vez que a fonte era a velha fofoqueira que viveu até a década de 1970. Era como uma internet sem streaming...

Com o advento e desenvolvimento das redes sociais, o número de pessoas como a Juventina multiplicou-se em uma velocidade impensável. Se algo está publicado em qualquer plataforma, seja um site ou um grupo de WhatsApp, é considerado correto. Pode estar correto. Deve ser verdade.

A pressa e o estilo de vida atual incentivam as pessoas a não se preocuparem se a história contada é factual ou fictícia. Isso é reforçado pela facilidade de se criar uma imagem, seja uma foto, um vídeo de uma reportagem de uma fonte respeitável ou até mesmo a capa de um jornal, com logotipo e tudo mais.

Primeiro compartilha-se nas redes sociais e depois se questiona se é verdade ou ficção. É como nos antigos filmes de bang bang, nos quais Ringo atirava primeiro e perguntava depois. Divulgar falsidades pode se tornar um bom negócio, uma vez que os acessos se multiplicam e surgem oportunidades de agregar publicidade que remunere o autor e a plataforma.

Todos têm o direito de buscar opiniões na internet que estejam alinhadas com as suas, mas também têm a obrigação de questionar se o que estão lendo tem ou não fundamento.

A mesma faca que é usada para descascar uma batata e matar a fome pode ser usada para ferir ou até mesmo matar uma pessoa. O mesmo princípio se aplica à internet e suas plataformas. Qualquer pessoa pode se autointitular repórter investigativo, editor de matérias e publicar na web. Isso representa um avanço, uma vez que essa nova tecnologia torna impossível restringir informações.

Aqueles que têm a habilidade de transformar informações em notícias são jornalistas, independentemente de terem ou não um diploma. São avaliados por sua competência, não por burocracia. No entanto, como podemos distinguir se quem divulga está separando a ficção dos fatos?

Uma possibilidade é observar a fonte da notícia. Se houver uma marca de credibilidade, é provável que os jornalistas tenham verificado a veracidade dos fatos antes de divulgá-los, seguindo um código de conduta presente em muitas empresas jornalísticas.

No entanto, a fonte também pode ser individual, alguém que tenha conquistado respeito ao longo da vida e, portanto, seja confiável. Existem outras abordagens, mas essas duas são as mais populares e fáceis de aplicar.

Aproveite para conhecer a websérie comemorativa dos 100 anos de rádio no Brasil e assistir ao primeiro episódio, com a participação de Milton Jung e Heródoto Barbeiro. Ao longo deste livro, disponibilizaremos todos os capítulos.

Faça a leitura do QR code com seu celular ou tablet para acessar o episódio completo.

NOVOS INQUILINOS

"Vamos inventar o amanhã ao invés de nos preocupar com o que aconteceu ontem."

Steve Jobs

"Alexa, bom dia!... Alexa, rádio com música popular brasileira..."

A internet das coisas reserva um espaço importante para o áudio, para as rádios de todo o mundo. O comando de voz é suficiente para sintonizar informação, música, entretenimento, trânsito, clima e temperatura. Graças à nova tecnologia, é possível ter acesso a serviços e informações instantaneamente. Outros dispositivos podem estar conectados simultaneamente.

Para acessar o rádio, não é mais necessário um botão de ligar e desligar, nem qualquer outro artefato físico. Basta usar a voz, a mesma que a tecnologia digital espalha por todo o ambiente. Sem ruídos, som limpo e uma infinidade de possibilidades de acesso aos canais disponíveis na web. Só não pode faltar o Wi-Fi, e se isso acontecer, o equipamento avisa sobre a falha e até dá uma bronca no usuário por oferecer uma conexão fraca.

Confira o depoimento do Adão Casares, Publicitário & Copywriter.

Já é possível perceber que o New Rádio, graças às novas tecnologias digitais, navega na internet por meio do streaming. Com isso, surgem as antenas tradicionais. As FMs ainda sobrevivem a essa mudança, oferecendo menor custo de energia e melhor qualidade de som nos receptores tradicionais, que também podem ser baixados nos celulares. Há smartphones que captam ondas eletromagnéticas. No entanto, nada se compara a baixar o aplicativo da emissora e ter acesso instantâneo ao áudio da programação.

Estamos vivendo uma fase de transição: as ondas eletromagnéticas estão sendo substituídas pelo streaming. É um admirável mundo novo para o áudio, para o New Rádio.

O AM DEIXA O RÁDIO DO CARRO

"Algumas pessoas não gostam de mudanças, mas você precisa abraçar a mudança se a alternativa for o desastre."

Elon Musk

O rápido avanço da tecnologia continua causando impacto. ***"É uma tecnologia disruptiva", afirma a especialista Dona Juventina.*** Empresas estão anunciando a substituição dos rádios dos carros por modelos que oferecem apenas a opção de FM ou acesso ao streaming, excluindo a faixa do AM. Isso tem gerado críticas intensas por parte de empresários, funcionários e fãs do AM.

Fabricantes de carros como BMW, Volkswagen, Mazda e Tesla já anunciaram a mudança nos novos modelos. Elas alegam que o motor elétrico de seus carros interfere na recepção das rádios, tornando difícil para os motoristas entenderem o que está sendo apresentado. A Ford, por sua vez, anunciou que removerá a faixa do AM de todos os seus veículos, sejam eles elétricos ou a gasolina.

Os empresários do setor alertam que isso pode resultar no encerramento de 4.185 estações de AM nos Estados Unidos, e os verdadeiros prejudicados serão os ouvintes, que perderão o acesso a notícias, programas de entrevistas, coberturas exclusivas e programas em línguas estrangeiras para imigrantes, como é o caso das estações de AM em português voltadas para os brasileiros.

Os primeiros 100 anos do rádio, recentemente comemorados, moldaram o público norte-americano. As gerações mais antigas e os proprietários de rádios lembram que foi por meio do AM que o presidente Roosevelt conquistou a confiança da nação durante a crise do capitalismo, com o programa "Conversa ao Pé da Lareira."

O sinal do AM ainda é muito forte, especialmente em áreas rurais, e continua a dominar a paisagem radiofônica. Entre 1950 e 1970, as 40 estações musicais mais ouvidas tinham pelo menos 50% dos ouvintes sintonizados em uma única estação, seja em rádios transistorizados, alto-falantes ou principalmente nos carros.

A tecnologia do século 21 está mudando esse cenário. O AM está perdendo espaço para o som mais suave do FM, para o streaming e para os podcasts, que atualmente estão conquistando a imaginação dos norte-americanos.

O carro ainda é o local onde mais se ouve rádio, independentemente da tecnologia utilizada. Neste ano, o Ford Mustang não possui mais a opção de AM instalada, enquanto a Toyota e a Honda anunciaram que não têm planos de eliminá-lo. A GM ainda não se pronunciou a respeito. Para os fabricantes de automóveis, eliminar o AM é simplesmente uma questão de números e progresso. A audiência do AM está cada vez menor e mais envelhecida, enquanto as alternativas são cada vez mais atrativas. Esse declínio começou com a popularização das FMs como equipamento padrão nos carros na década de 1960.

A publicidade nas estações de AM caiu de 11 para apenas 2 bilhões de dólares, porém as estações AM em Nova York, Chicago e Los Angeles ainda são as mais lucrativas.

Os fabricantes de carros estão cientes de que ainda existe uma parcela do público fiel ao AM, porém afirmam que cada vez mais os motoristas têm aprendido a encontrar o que desejam ouvir na internet, por meio

Confira o depoimento da jornalista Helen Braun.

de streaming ou utilizando recursos como Bluetooth, Apple Car Play e programas similares. O destino do AM é uma tendência global, uma vez que os modelos de carros também são comercializados em escala global.

Dona Juventina não abre mão do seu rádio Motorola, instalado no seu Simca Chambord azul e amarelo com alto-falantes nas duas portas e no porta-luvas. Ela não se importa com as interferências cada vez maiores na recepção, pois o que importa para ela é continuar ouvindo O Pulo Do Gato, como tem feito nos últimos 50 anos.

NO FM OU NO DIGITAL? NOS DOIS...

A audiência do rádio se expande. Agora é muito mais fácil ter acesso a ele, uma vez que pode estar no seu bolso, no celular, no computador, no laptop, no iPad e até mesmo na Alexa. ***"É o que chamamos de New Rádio", diz Dona Juventina, especialista em vigiar a vida alheia.*** As informações pulam de um dispositivo para outro. Uma boa parte delas chega em formato de áudio, ou seja, através do rádio, do New Rádio.

Com poucos (e mais baratos) equipamentos, você pode montar a sua própria estação. A partir dela, é possível criar diversos produtos com alcance mundial.

"O que importa agora é o conteúdo, e não mais o meio pelo qual ele é propagado", afirma Dona Juventina, plagiando um tal de McLuhan.

As plataformas estão interligadas e a divulgação em uma delas pode ser compartilhada em várias outras por internautas. Portanto, é necessário ter cautela. Uma entrevista ao vivo no programa da manhã, além de ser transmitida pelo FM, também é transmitida ao vivo no YouTube e em outras plataformas, sendo arquivada para consultas futuras no site da empresa.

O próprio entrevistado recebe o link da entrevista, sendo comum que ele o compartilhe em todas as suas redes sociais, pessoais ou corporativas, ajudando a divulgar o conteúdo e o nome da rádio. Em resumo, a divulgação continua se propagando, sem saber até onde e até quando.

Daí a necessidade de cuidado redobrado por parte dos envolvidos, como apresentadores, âncoras, repórteres, entrevistados e personagens de reportagens, em relação às suas declarações.

As plataformas digitais oferecem amplas oportunidades para a divulgação de narrativas. Uma narrativa eficaz deve incluir os seguintes elementos:

- experiência;
- conteúdo relevante;
- estratégias de marketing;
- elementos emocionais;
- facilidade de compartilhamento
- criatividade;
- uma história envolvente;
- comunicação clara;
- engajamento do público;
- credibilidade; e
- envolvimento da audiência.

"Há outras qualidades que não podem ser esquecidas, destaca a internauta Juventina." A navegação no novo mundo digital das multiplataformas apresenta características surpreendentes, e por isso o caminho para o sucesso é o uso da criatividade, constantemente testando novas formas de comunicação e avaliando sua eficácia. Existe um verdadeiro laboratório aberto para experimentar diferentes abordagens de comunicação no New Rádio.

Troca-troca de fonte

As pessoas estão constantemente ocupadas, realizando várias atividades ao mesmo tempo, como cozinhar, tomar banho, dirigir, trabalhar e utilizar seus dispositivos eletrônicos, como computadores e smartphones. Estamos em uma era em que somos considerados cyborgs, de acordo com Elon Musk. Nesse contexto, cabe a você conquistar o interesse dessas pessoas, que podem facilmente alternar entre o consumo de conteúdo "on air" e "online" graças à tecnologia.

O conteúdo em si é o mesmo, porém é importante lembrar que nem toda a audiência tem a mesma facilidade em lidar com a nova tecnologia do New Rádio, como dona Juventina. Por outro lado, existem aqueles que já nascem com um celular em mãos e apresentam uma intuição natural para utilizar esses dispositivos, como crianças que, mesmo sem saber ler, já conseguem acessar seus vídeos favoritos no YouTube. Portanto, é essencial ensinar as pessoas a acessar as redes sociais e acompanhar a comunicação em multiplataforma.

Que tal o slogan: "OUÇA ENQUANTO TRABALHA!" A nova tecnologia turbina a experiência auditiva. Já o mesmo não pode ser dito em relação à TV. Cada vez mais, as pessoas dividem sua atenção entre o que está na tela e as notificações que chegam pelo WhatsApp. Essa falta de foco impacta a medição da audiência e, consequentemente, a receita financeira da emissora. Por exemplo, o Vítolo prefere ouvir seus programas favoritos pelo YouTube enquanto trabalha em seu home office.

Os repórteres do New Rádio saem equipados com câmeras de vídeo para realizar reportagens. ***"Parece estranho, afinal, não é rádio?" Com razão, comenta a esperta dona Juventina.*** Mas era. Agora, a mesma pessoa grava áudio, captura imagens e escreve textos. E, na maioria das vezes, tudo isso é feito pelo celular. Essas mensagens são divulgadas ao vivo ou em várias plataformas, e de maneira muito mais rápida do que no passado. Atualmente, é possível fazer uma cobertura completa enviando mensagens de áudio via WhatsApp. Vale ressaltar que esse recurso é acessível tanto para empresas privadas quanto para empreendedores individuais.

Não se trata de...

Ninguém deve desprezar o que já conquistou. Portanto, a audiência que se tem "on air" não deve ser subestimada. O que está acontecendo é uma substituição gradual de uma tecnologia por outra, com todas as consequências que estamos detalhando neste livro. ***"Chega de repetir isso, meu filho", resmunga Dona Juventina.*** Assim, o público que acompanha o áudio no FM precisa, aos poucos, ter acesso ao rádio online e a todas as plataformas digitais que o acompanham. Queremos lembrar que as mudanças não são apenas quantitativas, mas também qualitativas, ou seja, um novo mundo se abre com o advento da tecnologia digital.

Confira o depoimento do Alvaro Bufarah, jornalista e professor universitário.

Uma multidão ainda acessa o áudio por meio das ondas eletromagnéticas do rádio. Isso é muito positivo, pois demonstra que a comunicação radiofônica continua unindo nosso país. Muitas pessoas possuem aparelhos de rádio que captam ondas médias, frequência modulada e até mesmo ondas curtas. ***"Meu Telefunken, por exemplo, captura tudo isso e até ondas tropicais", orgulha-se Dona Juventina.*** Portanto, a oportunidade que se apresenta tanto para empresas como para empreendedores individuais é aproveitar todas as formas possíveis de conquistar audiência.

O fenômeno do FM é um exemplo disso. É um equipamento barato, facilmente conectado à internet e com alcance global. Mudar a tecnologia não significa abandonar os formatos de sucesso do on air. É adaptá-los ao digital e somar as diversas plataformas disponíveis. Quando você acredita que veremos a primeira rádio renunciando à sua antena? Seria o mesmo que perguntar quando um grande jornal vai abrir mão de sua plataforma de impressão em tinta e papel para adotar o formato digital em bits e bytes.

Trabalho duro nos blogs

O blog é uma das características essenciais da multiplataforma. Ele requer atualizações constantes para que a audiência possa encontrar as informações ou o entretenimento que procura. O blog deve estar alinhado com a marca da estação e seguir os mesmos princípios que garantem o acesso e atraem cada vez mais pessoas.

No entanto, é importante lembrar que escrever para o blog é um trabalho árduo e consome tempo (embora o chatGPT possa acelerar e facilitar o processo, é necessário aplicar um bom filtro profissional - evite o CTRL+C/CTRL+V). É preciso ter cuidado com a clareza das informações divulgadas e com a gramática utilizada.

O blog pode desempenhar um papel importante no website, oferecendo mais um canal de interação com a audiência e permitindo a comunicação por meio de perguntas e respostas. Ao abrir essa porta, é essencial que funcione adequadamente e que as perguntas sejam respondidas prontamente, sem deixar nenhuma sem resposta.

Vários membros da equipe podem contribuir com colunas no blog, em suas próprias páginas pessoais, abordando os assuntos nos quais têm mais conhecimento. O blog oferece uma oportunidade para aprofundar temas que já foram divulgados por meio de áudio e até mesmo imagens.

Para conquistar a fidelidade da audiência, é recomendável compartilhar fotos e vídeos relacionados ao tema apresentado. É importante manter uma programação regular de postagens no blog, como, por exemplo, o "Parece, Mas Não É!!!" publicado às terças-feiras no Blog do Heródoto.

"Começou a autopromoção", declama Dona Juventina.
"Esqueceu de falar do NEH! Podcast, Heródoto", reclama Vítolo.
"Esse a gente fala no capítulo de podcast", responde Barbeiro.

Uma vez comprometido a postar semanalmente, é essencial manter a consistência para atender às expectativas da audiência. É importante transmitir a ideia de que informações valiosas podem ser perdidas caso não acessem o blog.

No entanto, é importante ter cuidado para não misturar assuntos pessoais no blog. Embora situações pessoais possam ser usadas para ilustrar o *storytelling*, é necessário evitar exageros. Fotos familiares devem ser reservadas para páginas pessoais, pois o blog pertence à marca e não à vida íntima do autor.

Além disso, é importante não transformar o blog em um canal de vendas de produtos. É necessário manter uma clara distinção entre o conteúdo editorial e o comercial nas páginas.

Considerando a quantidade de blogs necessários para todos os canais e empresas, é possível haver escassez de jornalistas para criar tanto conteúdo.

Quem fala e quem escuta?

O aparelho digital que está presente em nossas bolsas e em nossos bolsos vai além de ser apenas um receptor de áudio, texto ou imagem. Ele desempenha o papel de um emissor poderoso. A audiência tem a capacidade de realizar feitos incríveis, como exigir que as emissoras atendam às expectativas de transparência, abordem assuntos relevantes e que não sejam chatos.

O público ouve e... fala. Recebe e emite. Enfim, o New Rádio navega em um ambiente totalmente novo, cujos parâmetros ainda estão sendo testados e conhecidos. Mas, de qualquer forma, é uma mudança que se iniciou e não vai parar. Onde tudo isso vai chegar, pouco se sabe.

No FM ou no streaming, a maioria do público acompanha a programação sozinho. Muitas vezes, o rádio é o companheiro que está sentado no banco do carona, na sala onde se trabalha em home office, ou pendurado em discretos dispositivos Bluetooth no transporte público ou na academia. A civilização atual está cada vez mais individualizada, o que potencializa a presença do apresentador do programa de rádio. Há um amigo atrás do microfone.

Confira a opinião de Ratinho, radialista, apresentador de televisão e proprietário do grupo Massa de rádio.

O QUINTO MEMBRO

O corpo humano se divide em três partes: cabeça, tronco e membros. Temos quatro membros. Essa era a forma como aprendíamos na escola, ensinados pela professora de biologia. No entanto, a tecnologia criou um quinto membro: o smartphone. Nos metrôs, nos trens, nos ônibus, nas praças e até mesmo em frente à televisão, as pessoas exibem o seu quinto membro. Esse gadget derrubou o mito de Édipo, escrito por Sófocles, cerca de 500 anos antes de Cristo, e considerado por Aristóteles a mais perfeita tragédia grega.

O mito conta que Édipo, para chegar a Tebas, teria de passar pela Esfinge, um monstro que lhe propôs um enigma. Se ele errasse, morreria. O enigma era: "Qual é o animal que anda de quatro, depois de dois e finalmente com três membros?" A resposta correta era o ser humano! Édipo venceu o enigma e a Esfinge se matou. No entanto, hoje em dia, ninguém precisa morrer para identificar o quinto membro: o indispensável celular com acesso à internet. A tecnologia derrubou o antigo e bom Sófocles. Os seres humanos do século 21, que representam dois quartos da população global, possuem essa tecnologia ao alcance da mão e, com um simples toque, acessam o mundo.

O quinto membro não para de se desenvolver e ser aprimorado. A cada ano, 100.000.000 novos chips chegam ao mercado, cada vez mais baratos e poderosos. Em breve, teremos um chip minúsculo que vai conter trilhões de transistores do tamanho de moléculas.

Atualmente, existem mais de um bilhão de computadores pessoais espalhados pelo mundo, o que representa cerca de um para cada seis habitantes do planeta. Esse número cresce constantemente. Assim como a evolução dotou o ser humano de quatro membros, a tecnologia adicionou o quinto. Portanto, não há motivo para acreditar que algum deles desaparecerá. Pelo contrário, eles se fortalecem cada vez mais nas academias, nas corridas de rua e nos laboratórios de tecnologia ao redor do mundo. Embora possam ser modificados por meio de exercícios físicos, suplementos alimentares, vitaminas ou novos chips instalados no corpo, eles permanecem associados ao corpo humano.

Os quatro membros suportaram o desenvolvimento da ciência ao longo de muitos séculos e foram essenciais para que o cérebro pudesse ser levado de um lugar para outro e construir o que a tecnologia

Confira o depoimento da jornalista Débora Alfano.

"Vocês se esqueceram de mencionar o 'Dito, o bendito', no começo do livro - reclama, com razão, Dona Juventina, e continua: "Dito, o bendito" é mais do que apenas um quadrinho. É um pedaço da nossa história, um testemunho do nosso tempo. São 12 tirinhas espalhadas por todo o livro, de autoria de Érico San Juan, que criou o personagem em 1993.

possibilitou, desde armas feitas de bronze até o primeiro computador pessoal. A partir desse ponto, o quinto membro passou a ser tratado nos laboratórios e ganhou acesso a grandes servidores capazes de armazenar bilhões de informações, além de computadores com velocidades de até 136 milhões de operações por segundo.

Para onde tudo isso vai nos levar? Não se tem a menor ideia. Filósofos, sociólogos, historiadores, antropólogos, matemáticos, físicos, jornalistas e até Dona Juventina têm as mais diversas interpretações sobre o futuro que cavalga desabaladamente na informática. O perigo é o cavalo se atirar na primeira parede que encontrar pela frente.

Ela está incorporada ao quinto membro

A comunicação auditiva está incorporada ao celular, proporcionando à audiência a oportunidade de acompanhar programas que descrevem situações que são imaginadas pelo ouvinte, com base nas descrições feitas pelos apresentadores. Esses profissionais procuram abordar temas e assuntos que despertem o interesse do público, tornando-se atrativos e evitando chateá-los.

Todos os acontecimentos do momento são transmitidos por meio do celular. Seja um incêndio em um prédio no centro antigo da cidade, um pronunciamento de uma autoridade ou um acidente de trânsito que congestiona as vias para centenas de motoristas. As emissoras do New Rádio, com acesso aos sites globais, devem estar atentas para selecionar os assuntos mais relevantes e que cativem a audiência. Diante da imensa oferta de notícias, há um trabalho essencial de edição. Não se pode cometer erros, pois um simples toque nos dedos pode fazer o ouvinte trocar de emissora em busca do que realmente lhe interessa.

A busca pela audiência, seja no FM, seja no New Rádio, requer talento e trabalho árduo. Como dizia Thomas Edison, 5% de inspiração e 95% de transpiração. ***"Leve um desodorante na bolsa", grita Dona Juventina.***

Não se esqueça de que a comunicação eficiente não é o que se diz, mas o que se ouve.

ON AIR X ONLINE

"Quanto estava na faculdade queria me envolver em coisas que mudariam o mundo."

Elon Musk

A mudança tecnológica vai além do simples progresso técnico. Ela se torna disruptiva, provocando transformações significativas. Esse é o cenário do início do século 21.

No olho do dragão das transformações causadas pelas novas tecnologias digitais, está a comunicação. Assim como um dragão incomodado por um cisco no olho, ela se movimenta, se debate e pode destruir tudo em seu caminho em busca de uma solução para o desconforto. ***"Eu só conhecia o dragão da inflação", lamenta Dona Juventina.***

Esta é a era do desconforto. Nunca na história da humanidade as mudanças foram tão rápidas e intensas. As novidades surgem diariamente e, muitas vezes, é difícil distinguir o que é realidade e o que é ficção. Como alguém já disse, o que um ser humano é capaz de imaginar, outro ser humano é capaz de inventar.

A comunicação auditiva, o rádio, não está alheia a esse turbilhão de mudanças. Permanecer preso à antiga tecnologia do "on air", às fórmulas antiquadas de apresentação de programas e ao apego ao passado que está em declínio é perder a oportunidade de acompanhar o avanço da história. Estamos vivendo uma fase de transição das ondas eletromagnéticas para o streaming.

A casa está queimando. Não construa casas sobre a ponte de um rio. O fim do on air está próximo. Assim como os jornais de tinta e papel. Isso não quer dizer que a comunicação auditiva e o jornalismo impresso vão deixar de existir. Vão sobreviver nas novas plataformas. Ambos cavalgando os bits e bytes e formatados nas mais diversas plataformas contidas nos gadgets.

O rei, por enquanto, é o smartphone. É ali que o público, a audiência, o cidadão, o consumidor, o eleitor, o marketing e a publicidade estão. E vieram buscar novos caminhos. Não há descanso, não há acomodação. Se alguém dorme, outra pessoa pesquisa, formata, lança, conquista mercado, cresce economicamente e lidera o segmento, até que surja uma outra iniciativa, seja ela individual, uma startup ou um laboratório de uma universidade ou de uma grande empresa.

A transmissão do áudio via antena, o on air, aos poucos perde espaço para o online. Já deu uma contribuição importante para a humanidade, mas se esgotou. Custos altos, consumo de energia, alcance limitado, variação da recepção e dificuldade de emissão são algumas pedras que surgiram no caminho. O deus smartphone prefere receber o som digital, se possível, via Wi-Fi, aparentemente grátis.

As empresas de comunicação que já perceberam essa quebra de paradigma buscam novos caminhos, porém nem sempre com sucesso.

Muitas iniciativas terminam em fracasso, mas não há alternativa senão buscar outro caminho. E se não der certo... Buscar mais um, mais um, mais um...

É notório que a nova tecnologia é responsável pela atual convergência de mídia. Existe uma verdadeira mistura que se propaga pelas plataformas e até mesmo se torna difícil distinguir o que é o quê. Rádio, televisão, jornal, revista, imagem, áudio, som, interatividade, pluralidade...?

A emissão sonora misturada com imagem, entretanto, enquanto for predominante, é considerada rádio. Enquanto o público puder utilizar apenas um dos sentidos para acompanhar o que alguém está falando, é rádio. É o que chamamos de New Rádio.

"O um se divide em dois": Tudo tem múltiplos aspectos, está em constante transformação e nada é absolutamente puro e simples. Não analisar, não investigar e tirar conclusões apenas pela aparência é uma receita para simplificar demais e pode resultar em desastres. É importante realizar uma análise cuidadosa, testar e considerar diversos pontos de vista para evitar simplificações excessivas.

NEW RÁDIO COM IMAGEM

"Na rádio via internet, o áudio e o vídeo são irmãos siameses."

Heródoto Barbeiro

O rádio viveu e vive de áudio. No entanto, como mencionado, as câmeras de vídeo da web se tornaram uma parte permanente da equação. Elas foram introduzidas nos primeiros anos deste século, encontrando resistência por parte de técnicos e gestores de empresas. ***"Meus filhos, vocês estão falando de rádio ou de televisão?" questiona Dona Juventina.*** Já destacamos que, na era da multiplataforma, onde o New Rádio navega, as plataformas de vídeo estão disponíveis para o público. O mais conhecido deles é o YouTube. Nada disso deve nos surpreender, uma vez que a comunicação está navegando na web e há uma clara fusão de mídias.

O que pode motivar gestores, tanto comerciais quanto individuais ou públicos, a utilizar o vídeo como uma das tecnologias para alcançar o público-alvo? A medição de crossmedia da Kantar Ibope constata que os conteúdos em vídeo alcançaram quase 100% da população brasileira em 2022. Nem mesmo o rádio, em seu auge, conseguiu alcançar um índice tão alto. É verdade que a maioria do público, cerca de 78,7%, utiliza aparelhos de TV, seja conectada ou não, e essas emissoras, sejam abertas ou pagas, capturam mais de 90% do tempo consumido pelo público. No entanto, os dispositivos digitais estão em constante crescimento, o que é positivo para o New Rádio. É válido mencionar que alguns canais de televisão por assinatura também transmitem conteúdo de áudio de rádio, como é o caso da BBC e da NET, com a CBN.

O elevado índice de consumo de vídeo no Brasil mantém um formato crucial para o mercado publicitário, ou seja, a veiculação comercial com resposta para o cliente. Em 2022, 68% de todo o investimento publicitário foi direcionado ao vídeo. ***"Com isso não dá para largar esse osso", completa Dona Juventina.*** As dez marcas mais valiosas e as principais marcas de bens de consumo sabem disso, por essa razão investem em vídeo.

Esses dados evidenciam o desafio enfrentado por aqueles que desejam direcionar a audiência e as verbas publicitárias. Para isso, é necessário utilizar uma medição crossmedia que analise e forneça informações sobre o consumo de vídeo em várias plataformas e telas. ***"O cara senta na frente da televisão e fica mexendo no celular, não dá pra entender", exclama a velhota.*** No entanto, o tempo médio de consumo de televisão tradicional nas principais cidades brasileiras é de aproximadamente 5 horas.

O vídeo online, de acordo com dados da Kantar Ibope, atinge aproximadamente 32% da população brasileira em um único dia, sendo que 36% desse consumo ocorre por meio de smartphones. É nesse cenário que o New Rádio também se encontra, com suas imagens de estúdio, apresentadores, entrevistados, repórteres, técnicos e microfones com as marcas da emissora. Nada se perde. Além disso, mais da metade das pessoas conectadas que assinam algum serviço de streaming estão dispostas a aceitar publicidade se isso resultar em assinaturas mais acessíveis.

Diante dessa constatação, cabe ao New Rádio reconhecer as mudanças inevitáveis impostas pela tecnologia e amplamente aceitas pelo público em geral. Não há outra opção senão adotar a abordagem multiplataforma.

Uma montanha de bits e bytes

A quantidade de informação que circula no mundo é imensa. O pesquisador digital Martin Hilbert calcula que já chegou a 295 exabytes. ***"Meu filho, o que é isto?", exclama Dona Juventina. É 295 seguido de 18 zeros de bytes!*** É provável que esses números já estejam ultrapassados, uma vez que o WhatsApp surgiu após o estudo. No meio desse imenso volume de informações, o New Rádio navega, selecionando, editando e divulgando conteúdos inéditos ou não.

Imagine o tamanho de uma biblioteca necessária para armazenar tudo isso. Felizmente, temos os computadores que não apenas acumulam, mas também organizam e pesquisam os assuntos solicitados. É um estoque inesgotável que pode servir de suporte para os programas de áudio. Muitos desses recursos são gratuitos e podem ser utilizados nos programas. É um mundo novo e inimaginável no século passado.

Realizar entrevistas com imagens no estúdio por meio do YouTube auxilia o apresentador a prestar mais atenção nas respostas do entrevistado, melhorando a interação e a compreensão das expressões corporais.

Existem outras plataformas que oferecem transmissão de imagem ao vivo. No entanto, devido à fragilidade das redes de internet, a conexão pode ser interrompida a qualquer momento.

O apresentador deve estar preparado para lidar com possíveis interrupções durante a entrevista. É importante não tentar esconder problemas técnicos e evitar repetir informações relevantes até que a conexão seja restabelecida. O que ajuda é manter um backup ao utilizar o telefone celular do entrevistado como uma medida de precaução. O contato deve ser estabelecido tanto pela plataforma de vídeo quanto pelo celular. Se houver uma interrupção na conexão, a entrevista pode continuar rapidamente por meio do celular. A produção deve garantir essa dupla ligação com antecedência.

Não se esqueça de que a entrevista é um diferencial competitivo da sua emissora. Enquanto muitos oferecem serviços como informações sobre o trânsito, previsão do tempo e temperatura, a entrevista é algo exclusivo e único. O apresentador também deve observar o cenário em que o entrevistado está, pois pode haver informações relevantes que

Confira o depoimento da jornalista Adriana Reid.

podem ser utilizadas durante a entrevista. Um livro em destaque, uma miniatura na estante, um quadro na parede, entre outros elementos, podem fornecer pistas interessantes para enriquecer a conversa.

Enfim, a incorporação da imagem no rádio é um caminho irreversível. Embora demande mais trabalho, a audiência também busca por essa interação visual. Agora, infelizmente, os apresentadores e apresentadoras de programas de rádio precisam se preocupar com a aparência, incluindo maquiagem, cabelo e vestimenta. Não dá mais para ir de regata, boné e óculos escuros. ***"E nem pensar em ficar bagunçando o coreto enquanto estiver tocando as músicas ou no intervalo comercial", exclama Dona Juventina.***

ÁLBUM DE FIGURINHAS - PARTE 1

ALDO VILELA
Jornalista, radialista e professor universitário.

ALEXANDRE FERREIRA
Jornalista, radialista e professor universitário.

AMORIM FILHO (MANO VÉIO)
Radialista.

ANA PELLICER
Radialista.

ANCHIETA FILHO
Jornalista.

ANDREA TRIGUEIRO
Jornalista e professora universitária.

ANDREI ROSSETTO
Jornalista e professor universitário.

ANTONINHO ROSSINI
Jornalista.

LEIA O QR CODE PARA TER ACESSO AOS DEPOIMENTOS.

CAPÍTULO 2

NÃO COMECEM SEM ISSO

- BOM AMBIENTE É SUCESSO
- NÃO DÁ PARA ENGANAR TODOS O TEMPO TODO
- VALE TUDO PARA MELHORAR
- TALENTO É INATO?
- FALAR PARA QUÊ?
- NÃO BASTA PRODUZIR E APRESENTAR PROGRAMAS
- ON DEMAND – AFINAL, QUEM MANDA AQUI?
- TUDO MUDA EM 24 HORAS
- ÁLBUM DE FIGURINHAS – PARTE 2

BOM AMBIENTE É SUCESSO

Já se sabe que um bom ambiente de trabalho é essencial para o sucesso, especialmente quando se trata de um meio de comunicação de massa como o New Rádio.

"Tecnologia não é tudo", engata Dona Juventina. Há seres humanos envolvidos em todo o processo, embora em proporções menores do que no passado. Muitas mesas em empresas estão vazias. Mesmo que ainda tenham diminuído em quantidade, sua importância qualitativa permanece.

Gestores de empresas, não importa o tamanho, precisam colocar em prática o que pretendem vender nas plataformas digitais:

comunicação. Comunicação interna é o primeiro passo para consolidar um ambiente de trabalho saudável. Não se concebe trabalhar em um ambiente onde predomina a chamada "rádio peão". Por isso, o planejamento detalhado e a base de dados são essenciais. As empresas precisam compreender a jornada do colaborador de forma personalizada.

O líder precisa estabelecer canais de comunicação interna para acompanhar e solucionar questões importantes em um mundo complexo, como o de fornecer conteúdo, entretenimento, esporte, humor e prestação de serviços.

Quem utiliza as redes sociais como meio para alcançar e conquistar o grande público não pode negligenciar o uso dessas ferramentas para estabelecer um ambiente de proximidade, companheirismo e produtividade. As redes sociais estão presentes na vida de todos e podem ser utilizadas em contextos corporativos.

"Mobile first", segundo os especialistas em comunicação e gestão de pessoas, é a abordagem do futuro. Com isso, a intranet e o e-mail estão se tornando obsoletos. Tudo pode ser resolvido na palma da mão. O foco está na experiência do usuário, por isso é importante que uma empresa de comunicação seja fácil, ágil e eficiente.

Integração é a chave de tudo. É essencial ter conhecimento sobre o que está sendo produzido, para quem e estar em constante renovação. Realizar pesquisas de opinião sobre a programação também é vital para a sobrevivência da emissora, seja ela individual ou corporativa. A concorrência é cada vez mais acirrada e as possibilidades de explorar novos espaços no mundo virtual são infinitas.

A gestão do negócio da comunicação deve ser o mais horizontal possível, valorizando o talento, a criatividade, o comprometimento e a contribuição de cada membro da equipe para a evolução do produto divulgado. A fidelidade ao chefe não deve se sobrepor ao talento.

"Das massas e para as massas": A equipe de liderança deve funcionar como uma engrenagem, processando dados, necessidades e demandas do povo na base, formulando políticas para atender a essas necessidades, retornando à base para monitorar a implementação das decisões e realizar as revisões necessárias. Deve haver um fluxo contínuo de liderança "para baixo, para cima, para baixo" para garantir a participação e o envolvimento das massas.

A busca do faturamento

Já se disse que sem bilheteria não há espetáculo. O departamento comercial do New Rádio não pode dirigir olhando no retrovisor. Tem que olhar para frente. Assim, o anunciante pode ter o *spot* exibido em todas as plataformas ou escolher aquela que entende ser a melhor para atingir o seu consumidor. Os intervalos, de preferência, devem ser simultâneos nas diversas plataformas, mas podem ter conteúdo diferente, dependendo da opção do cliente.

No passado, ou se vendia audiência, ou credibilidade, ou as duas simultaneamente, se fosse possível. No presente, é preciso juntar tudo isso, além de tudo o que puder ser exibido nas redes sociais. Lembre-se, por exemplo, de que o anúncio no YouTube tem apenas quatro segundos para conquistar uma pessoa antes que ela clique no botão de pular o anúncio. Isso exige criatividade por completo, ou seja, uma mensagem que seja exibida em todas as plataformas simultaneamente e tenha audiência.

O resultado deve ser medido com a soma de todas as audiências: áudio, vídeo, sites, links, aplicativos, enfim, em todas as plataformas utilizadas pela emissora.

O investimento nas rádios tem enfrentado uma queda contínua, o que leva o New Rádio a adotar uma abordagem multiplataforma, aproveitando a convergência de mídias, a fim de alcançar o público consumidor. Os anunciantes buscam resultados tangíveis, indo além das simples tabelas de audiência. Eles desejam anunciar um produto ou serviço específico e testemunhar a prateleira vazia ou a casa cheia de clientes como evidência do impacto positivo da campanha.

As plataformas digitais permitem reuniões online, montagem de pilotos a baixo custo e avaliação dos investimentos.

NÃO DÁ PARA ENGANAR TODOS O TEMPO TODO

"A gente é o que faz."

Heródoto Barbeiro

Para a programação

É importante saber que a ética orienta a produção de qualquer conteúdo, em qualquer plataforma. Conforme Kidder (1992), a ética é a obediência do que não pode ser obrigatório. Portanto, ninguém pode ser punido por não ser ético... exceto pela sua audiência, já que isso resultaria na perda total de credibilidade. Sem credibilidade, a carreira é um voo de galinha.

O apresentador pode ter um pico de audiência, mas não consegue sustentá-lo. Pior ainda, geralmente acaba caindo em descrédito. Isso também se aplica à emissora que engana o público com reportagens falsas, produtos duvidosos e anúncios comerciais disfarçados de notícias.

Para se ter sempre em mente e aplicar:

- A ética é uma referência para as pessoas na sociedade. Não é um conjunto de verdades imutáveis.
- Ela se altera constantemente, uma vez que está historicamente condicionada.
- Não se confunde com a moral, já que esta é uma regulação dos valores considerados legítimos por uma sociedade em determinada época.
- A moral é uma excelente servidora da ética, mas uma péssima senhora.
- A ética é o principal balizador do desenvolvimento histórico-cultural da humanidade.
- O apresentador do programa deve dizer a verdade, buscar a isenção e permitir que seu público saiba quais são os fatos que narra e sua opinião pessoal.
- Acomodar-se diante de injustiças e inverdades é o caminho mais curto para perder a credibilidade.

- Fake news, boatos e rumores não substituem os fatos.
- O dever diário é desconfiar e repetir: Será que é verdade?
- O apresentador tem que saber que seu limite é a ética.
- É bom saber que o exagero pode levar ao código penal, que conceitua calúnia, injúria e difamação.
- Apenas ouvir o outro lado não é suficiente. É PRECISO OUVIR TODOS OS LADOS.
- Não deixe para amanhã o que pode corrigir agora.
- Nenhum entrevistado pode ser apresentado ao público sem ser informado previamente, seja de gravação ou ao vivo.
- Gravar, editar e apresentar escondido... NEM PENSAR. Só se houver risco à vida de alguém ou da democracia.
- Cuidado com a divulgação do bizarro e do sensacionalismo barato. Geralmente, terminam em perda de audiência e credibilidade.
- Não se aproprie de ideias, fórmulas ou práticas de plágio.
- Dê o nome da fonte, do autor, sempre.
- Não omita nomes de empresas, marcas ou governos para o bem ou para o mal.
- Busque a verdade a partir dos fatos: investigue e estude os fatos a partir de sua tarefa específica ou localização e baseie suas ações nisso. Não comece nada a partir de verdades pré-concebidas e colete fatos que provem que você está certo, negligenciando fatos que coloquem em dúvida suas conclusões.
- "O um se divide em dois": Tudo tem muitos lados, tudo está em mudança, nada é puro e simples. Não analisar, não testar, concluir como é um livro apenas por olhar sua capa é uma receita para a simplificação exagerada e para o desastre.
- Ninguém pode dizer que está em um lugar onde não está.
- Não basta ter credibilidade, é preciso apresentá-la.
- Cuidado com identificação étnica, religiosa, sexual e política que nada acrescentam na história que está sendo contada.

- Não se divulgam fatos que ensinem a cometer crimes, como construir bombas, sabotar sites, hackear empresas ou órgãos públicos, invadir endereços pessoais... É um passo da ética para o xilindró.
- Menores de 18 anos têm a divulgação de nome proibida por lei.
- Tem direito ao anonimato a pessoa submetida a violência e humilhação, como em casos de estupro.

Especificamente para os programas de jornalismo:

- A separação entre notícia e entretenimento deve ser clara.
- Jornalista não vende, não faz merchandising e não veicula reportagens em troca de publicidade. ***"Estou de olho, moçada", interfere Dona Juventina.***
- Uma das missões do jornalismo é promover debates de ideias no espaço público.
- Jornalistas não são meros reflexos da sociedade, mas sim agentes que estruturam a realidade.
- Não se deve ter amizade pessoal com fontes de notícia.
- Prometer off para a fonte é um compromisso a ser cumprido.
- O jornalista é responsável pela credibilidade de suas fontes e pelos personagens de suas reportagens.
- A fonte é uma das matérias-primas para a construção de uma história.
- A fonte não é estática e pode mudar ao sabor dos acontecimentos.
- A fonte pode gerar reportagens inéditas que têm uma vida efêmera na web, ou seja, duram apenas poucos segundos.

Uma advertência dos autores

Não se iluda com picos de audiência, especialmente nas plataformas digitais. Eles podem ser temporários e baseados em práticas questionáveis, como a divulgação de escândalos, invasão da privacidade das pessoas, disseminação de fake news, exploração do sensacionalismo, ataques pessoais desmedidos e radicalismo político. Essas estratégias podem parecer eficazes no curto prazo, mas são verdadeiros tiros no pé em longo prazo. Não se pode buscar audiência a qualquer custo. Ter noção de ética não significa ser careta, chato, pentelho ou qualquer outro adjetivo negativo. Pelo contrário, é uma postura nobre e responsável.

VALE TUDO PARA MELHORAR

"Se você não puder fazer algo bem, pelo menos faça que tenha uma boa aparência."

Bill Gates

Uma das principais estratégias para conquistar audiência, likes e compartilhamentos é a clareza. Vamos enfatizar: clareza, clareza e clareza. Em seguida, outras qualidades e atributos se tornam relevantes. Simplicidade, humildade e reconhecimento das próprias limitações humanas e culturais são muito bem-vindos. ***"Manter o ego com o cabresto curto", diz Dona Juventina.***

Uma coisa que incomoda o ouvinte internauta é a pronúncia incorreta de nomes comuns. O que você acha que acontecerá se disser "adevogacia" em vez de "advocacia"? E "arroiz" em vez de "arroz"? "SubS-Sídio" em vez de "subsídio" (com som de Z)? Ou "estreiou" em vez de "estreou"? "Click" - mudou de programa. Com a ponta dos dedos, ainda é mais fácil nos celulares, e há uma infinidade de canais com pessoas prontas para escapar de programas chatos.

As falhas no ar rendem compartilhamentos e até mesmo podem tornar algumas pessoas famosas...

Segurar uma transmissão, especialmente ao vivo, exige cautela para evitar redundâncias ou preenchimentos de espaço com qualquer coisa. É importante repercutir de forma relevante e apropriada. O New Rádio também é transmitido por canais de vídeo, portanto é necessário encontrar um equilíbrio entre a comunicação auditiva e visual. Se a transmissão for muito enxuta, os ouvintes podem não entender. Por outro lado, se for excessivamente narrativa, pode afastar os telespectadores.

Um exemplo recente foi a coroação de Charles III, rei do Reino Unido. Durante a transmissão por vídeo, houve um excesso de repórteres, apresentadores, comentaristas, convidados, som local e música do evento. Essa quantidade excessiva de informações pode levar a mais erros. Caso não esteja familiarizado com a história britânica, é melhor recuar e deixar as explicações para o professor convidado. Assim, evita-se cometer equívocos durante a transmissão.

Assim, liquide com coisas do tipo "exportar para fora", "descer barra baixo", "ganhar grátis", "duas metades iguais", "a metade do dobro" – black friday? – "novidade inédita", que são verdadeiros laxantes culturais.

Pelo mesmo salário, não desperdice seu tempo nem toques no teclado com palavras longas. As curtas podem transmitir o mesmo sentido, como metrópole/cidade, falecido/morto, chefe da nação/ presidente, agente da lei/policial, Novo Continente/América, profissional do sexo/???. Essas abreviações não precisam constar da bibliografia no final.

Lembra daquela brincadeira: quem nasce em Maceió é... maceioense. E em Salvador é... soteropolitano. E em Jerusalém é... jerusalemita. E no estado do Rio de Janeiro é... fluminense. E na cidade de São Paulo é... paulistano. E por aí vai.

Dois erros nunca fazem um acerto, dizia Umberto Eco. Que tal corrigir um incidente de trânsito por um acidente de trânsito? Para onde vai esse ônibus em vez de aonde vai este ônibus? ***"Cumprimento você por aturar a leitura até aqui, o comprimento deste livro já passou dos limites", completa Dona Juventina.***

Só para lembrar que fronteira é entre países, divisa é entre estados e limite é entre municípios.

Em vez de quebrar a cabeça em outros lugares, leia este manual até o final ao invés de desistir.

Haja vista que essas orientações são para o dia a dia do New Rádio, não escreva nem fale "haja visto."

O New Rádio, graças ao streaming, tem alcance global. Por isso, antes de falar, ler ou citar nomes estrangeiros, na dúvida, pergunte para quem sabe. Torre Êiffel, palácio do Elisée, banker, Sebástian, Putín, Ábas e outros nomes comuns no noticiário merecem ser pesquisados em sua pronúncia. Há uma tonelada deles na programação diária das emissoras. Não se envergonhe de perguntar para quem conhece o idioma. ***"O Dr. Google ajuda muito", lembra Dona Juventina.***

Desenvolver o New Rádio em novas plataformas vai ao encontro das novas tecnologias e vai de encontro com o passado da comunicação auditiva.

Atenção: vai "ao" encontro e não "de" encontro...

Para provocar o nacionalismo, é comum rotular um esportista brasileiro com um "brasileiro." Todo mundo sabe que Neymar é brasileiro, então por que acrescentar sua nacionalidade em uma transmissão esportiva?

O governo não "interviu" nos preços da gasolina e do diesel. Não? Não, ele não "interveio."

Os vídeos estocados no YouTube são em cores, a cores, ou coloridos? Chuta aí.

Lembre-se de que com as novas plataformas e empacotamento dos programas, tudo ou quase tudo fica gravado, inclusive para ser ouvido *on demand*, como no caso dos podcasts. Com isso, ficam registrados tanto os acertos quanto as pisadas de bola. ***"Vai para o seu currículo, meu caro", finaliza dona Juventina.***

No segundo episódio da nossa websérie comemorativa, contamos com a presença da jornalista Maiara Bastianello, que compartilhou um pouco sobre suas experiências tanto em campo quanto no estúdio.

Faça a leitura do QR code com seu celular ou tablet para acessar o episódio completo.

TALENTO É INATO?

As pessoas nascem com talento? É possível aprimorar e desenvolver o talento? Existem defensores de ambas as posições. Na nossa opinião:

Algumas pessoas têm mais facilidade natural do que outras para exercer uma atividade.

Contudo, os gênios, pintores, escultores, comunicadores, cientistas chegam ao sucesso apenas por suas próprias qualidades. Alguém já disse que o sucesso é fruto de vários fracassos. ***"Pergunte a Thomas Edson", lembra Dona Juventina.***

Outros tantos podem desenvolver o talento com muito esforço, luta, aprendizado e prática. Nós, os autores, estamos aqui como prova disso. Isso também se aplica aos líderes, seja no microfone ou na direção de empresas de qualquer espécie.

O talento também pode ser muito perigoso. Conhecemos muitas pessoas extremamente talentosas, mas que não conseguem avançar. E sabe por quê? Porque se tornam preguiçosas. Acham que o talento é suficiente e deixam de se esforçar. Uma pessoa dedicada e esforçada sempre superará alguém talentoso e indolente.

Não se deve generalizar que todos os talentos são irascíveis e se acham a última Coca-Cola do deserto. É verdade que existe uma minoria que pensa assim, mas muitos talentosos são pessoas acessíveis e colaborativas. Já foi o tempo em que os artistas eram considerados seres especiais e precisavam ter o ego massageado constantemente. No New Rádio, não há mais espaço para esse tipo de comportamento. O público está armado com seus dispositivos e prontos para denunciar qualquer atitude arrogante nas redes sociais.

Quando o espaço é dominado apenas pelo apresentador, o egocentrismo pode levar apenas a conflitos internos. Empresas que operam canais na internet enfrentam mais dificuldades no manejo de personalidades populares. Os gestores muitas vezes agem com cautela para evitar confrontos com as estrelas, temendo que elas deixem a empresa e migrem para a concorrência ou abram seu próprio canal, uma opção cada vez mais acessível e econômica. Porém, mais poderoso do que o gestor é o senso crítico da audiência, que não perdoa e se manifesta de forma contundente.

Talento corporativo

Algumas recomendações para os gestores de empresas de comunicação:

- Evite ser prolixo, comunique-se de forma objetiva e não sobrecarregue a equipe com informações desnecessárias.
- Gerencie sua energia de forma eficiente, concentrando-se nos assuntos relevantes para o crescimento da audiência e do faturamento da empresa.
- Não desafie superiores diretamente. Caso tenha ideias disruptivas, espere uma reunião da gerência para apresentá-las.
- Cultive a paciência e mantenha a calma em situações desafiadoras. Seja como um monge budista.
- Não pise nos que ocuparem cargos menores. Lembre-se de não pisar nos colegas para subir na empresa. Você vai encontrá-los quando estiver descendo.

Leia o que diz Chaim Zaher, empresário do grupo Thathi de Comunicação:

"O rádio é um meio de comunicação popular, rápido, confiável e democrático. O fim do rádio já foi anunciado diversas vezes, mas a verdade é que ele é cada vez mais popular. Com a internet, ele se tornou ainda mais acessível. As estações de rádio agora têm a capacidade de transmitir ao vivo e alcançar pessoas em todo o mundo, sem a necessidade de infraestruturas caras, como antenas de radiodifusão. O ouvinte também não fica mais preso a um equipamento estático. A programação está a um clique de distância e disponível em qualquer hora e em qualquer lugar, seja no celular ou no computador.

A publicidade sempre foi a principal fonte de receita das emissoras. No chamado New Rádio, abre-se uma série de novas possibilidades.

Com a internet, as estações de rádio podem coletar informações detalhadas sobre seu público, como idade, gênero e localização, permitindo que as empresas segmentem seus anúncios com ainda mais precisão. Além disso, as novas emissoras também podem se beneficiar da venda de anúncios em suas plataformas digitais, como em seus sites ou aplicativos, ampliando suas fontes de receitas.

Como empresário, vejo com bons olhos a integração entre rádio e internet. Em um mundo no qual cada vez mais se disputa a atenção do público, é um grande diferencial poder fazer anúncios com grande assertividade, falando exatamente com o público com o qual desejamos nos comunicar.

É claro que nenhuma tecnologia substitui um dos ativos mais preciosos na comunicação: a credibilidade. Nesse sentido, a presença de nomes como Heródoto Barbeiro nesses projetos é crucial para o sucesso."

Um resuminho

Veja como evitar confrontos desnecessários que resultam em perdas para todos:

Talento	Gerente
Preste atenção em mim	Você tem um bom salário. O que mais você quer?
Eu sou importante. Respeite-me.	Eu tenho outras dez coisas para cuidar.
Não gosto de quem me diz o que devo fazer.	Já dispenso muito tempo respondendo.

O conflito entre a direção da empresa e os talentos, ou aqueles que se julgam assim, é algo constante. No entanto, é necessário que haja bom senso de ambos os lados e que todos estejam alinhados na mesma direção, mesmo que suas visões de sucesso possam ser diferentes. Isso faz parte da natureza humana. Os limites devem ser estabelecidos pelo bom senso, pela vontade de vencer, conquistar a audiência e o respeito do público. Tudo o mais é apenas uma nota de rodapé.

"Adoro ler as colunas e sites de fofoca sobre bastidores de empresas de comunicação, a gente fica sabendo de cada coisa..." sussurra Dona Juventina.

O ideal é ter na equipe responsável pela preparação do programa do New Rádio tanto o idealizador quanto o executor de ideias. O executor é capaz de juntar diferentes ideias e propostas, buscando formas efetivas de colocá-las em prática. Por outro lado, os idealizadores são responsáveis por momentos de criatividade, trazendo brilho e sendo capazes de quebrar paradigmas, o que ajuda a conquistar a audiência.

Há duas formas de aumentar a audiência: conquistar novos ouvintes ou atrair audiência dos concorrentes. Ambos os caminhos são desafiadores, repletos de surpresas e recompensas.

FALAR PARA QUÊ?

"As pessoas não se interessam pelo que você diz, elas se importam com o que você constrói."

Mark Zuckerberg

Qual é o seu objetivo ao começar a se comunicar com um público específico? É aparecer? Despertar curiosidade? Levar informação? Transformar vidas? ***"Ganhar uma grana", acrescenta dona Juventina.***

Para tudo o que vamos fazer na vida, devemos ter um objetivo muito claro e específico. No New Rádio não seria diferente.

E quando pretendemos falar em público, para uma audiência, devemos ter muita atenção e cuidado com a COMUNICAÇÃO.

Comunicação não é o que você fala, mas o que o outro entende. Saber se expressar de forma adequada é mais que fundamental. Quantas pessoas você conhece que foram canceladas por não saberem se comunicar adequadamente?

Tenha em mente sempre o seguinte:

- Comunique-se utilizando uma linguagem simples e acessível.
- Seja claro e objetivo em suas mensagens.

- Evite o uso de termos técnicos, exceto se você explicar o significado deles. Caso não saiba, consulte um especialista antes de utilizá-los.
- Conheça sua audiência: quem são, onde estão, o que fazem e quais são suas necessidades e aspirações.
- Planeje o conteúdo que irá transmitir, evitando excesso de palavras em um mundo acelerado.
- Tenha cuidado com o improviso, especialmente se não tiver um conhecimento aprofundado sobre o assunto abordado.
- Familiarize-se com o tema que pretende tratar e evite falar sobre algo que desconhece.
- Não tente enganar a audiência falando sobre algo que não sabe.
- Utilize histórias para ilustrar suas mensagens, seguindo uma estrutura com começo, meio e fim. ***"A do lobo mau todo mundo conhece", diz Dona Juventina.***
- Dê exemplos para tornar a comunicação mais envolvente e cativante.
- Evite ser arrogante ou presunçoso.
- Seja humilde e admita quando não conhece ou não entende algo. No entanto, encoraje-se a estudar e aprofundar-se no assunto. ***"Mas vá estudar, meu filho", acrescenta Dona Juventina.***
- Ao utilizar frases ou conteúdos de outras pessoas, dê os devidos créditos.
- Agradeça sempre o prestígio da sua audiência.
- Faça perguntas relevantes, lembrando que perguntar é diferente de debater com um convidado.
- Mantenha o bom humor, mesmo quando estiver atrasado para iniciar o programa e o chefe estiver insatisfeito.
- Sorria enquanto fala, principalmente em transmissões simultâneas no YouTube ou outras plataformas. ***"Eu gosto do Eli Corrêa", enaltece dona Juventina.***
- Tenha uma assinatura própria, um bordão ou uma frase reconhecível.

- Seja autêntico, colocando sua personalidade na comunicação.
- Comunicar requer convicção, ou seja, acreditar no que está sendo dito.

NÃO BASTA PRODUZIR E APRESENTAR PROGRAMAS

"Acho que este é o melhor conselho: pense constantemente sobre como você pode fazer as coisas melhores e questione a si mesmo."

Elon Musk

TikTok, Instagram, Telegram, Facebook e WhatsApp são ferramentas de divulgação do New Rádio. Você pode e deve utilizá-las não apenas para promover sua programação, mas também para compartilhar trechos dos seus programas.

O Instagram introduziu a função de ***Reels*** após o grande sucesso dos vídeos no TikTok. Quando foi lançada, a função era destinada apenas a vídeos no formato vertical com duração de até 15 segundos. Ao longo do tempo, a duração dos ***Reels*** foi ampliada e agora pode chegar a 90 segundos.

O TikTok, que surgiu como uma plataforma exclusiva de vídeos curtos, ampliou o tempo de duração das publicações para até 10 minutos.

O que é interessante nas plataformas como TikTok e Instagram é que elas proporcionam um formato do tipo "backstage". Ou seja, além de publicar trechos do seu programa, é uma estratégia muito eficaz compartilhar conteúdo do tipo making of, bastidores, mostrando o que acontece por trás dos microfones e das câmeras, gravados pelos celulares, sem se preocupar com a qualidade profissional de áudio e imagem.

A ideia é contar pequenas histórias do seu dia a dia e convidar o público a acompanhar o seu programa e a se inscrever no seu canal, seja ele qual for.

Sendo assim, aqui vão algumas orientações essenciais:

- Publique os melhores e mais chamativos trechos do conteúdo que será divulgado em seu canal.

- Adicione legendas nos vídeos, pois muitas pessoas assistem com o áudio desligado.
- Crie listas de transmissão no WhatsApp e envie seu conteúdo para elas quando publicar em suas plataformas. Certifique-se de dar a opção para que o público possa solicitar a retirada de seu nome da lista de envio.
- Utilize a ferramenta de status do WhatsApp para divulgações, mas evite exagerar.
- Faça constantemente ***stories*** no Instagram e Facebook sobre seu conteúdo e suas novidades.
- O mesmo trecho que você fizer do seu conteúdo pode ser postado no Instagram, TikTok, X (antigo Twitter), LinkedIn, Facebook e ***Shorts*** do YouTube (até 60 segundos). Otimize seu trabalho.
- Poste convites da sua programação em banners no feed das plataformas.
- Envie mensagens em áudio para sua lista de transmissão no WhatsApp com divulgações e ***call to actions*** (inscreva-se, curta, ouça, assista etc.).
- Lembre-se de que os ***stories*** do Instagram e o ***status*** do WhatsApp ficam disponíveis por apenas 24 horas.
- Some a visibilidade de todas as plataformas para obter a audiência real do programa. Os números podem variar em cada plataforma.
- Faça transmissões ao vivo também no Instagram e TikTok.
- No X (antigo Twitter), faça perguntas intrigantes para incentivar a interação da sua audiência. Você também pode postar trechos de conteúdo em áudio, imagens ou ambos simultaneamente.
- Ao fazer um ***stories*** de chamada, inclua o link direcionado ao seu conteúdo.
- Seja sempre verdadeiro.
- Caso tenha alguma ideia e não possa fazer a postagem imediatamente, anote-a para não esquecer.

- Mantenha frequência e consistência. Não abandone sua audiência. É difícil conquistar novos seguidores, porém é fácil perdê-los.
- Caso decida sair de alguma plataforma, comunique sua audiência.
- Faça perguntas e responda aos comentários, sejam eles favoráveis ou não.
- Lembre-se de que nem todos serão agradáveis. ***Haters gonna hate***. Pergunte a Churchill.
- Fale apenas sobre o que conhece, a menos que seja um humorista. Falar sobre o que não sabe é mentir.

ON DEMAND – AFINAL, QUEM MANDA AQUI?

A história é testemunha de que um modelo não é substituído imediatamente por outro. A história não compete nas Olimpíadas de salto em altura, salto em distância ou salto triplo. Nem a tecnologia. Ela pode estar correndo nos 100 metros rasos com os campeões mundiais, mas sai da inércia em direção à velocidade máxima. Sempre há outro competidor se aproximando, com uma nova tecnologia, que pode ultrapassar o campeão. E depois vem outro... outro...

O sistema capitalista não surgiu abruptamente. Ele emergiu das entranhas do feudalismo europeu em declínio e se consolidou ao longo dos séculos. Ganhou a corrida, mas gerou contradições que se intensificaram com o tempo e nunca parou de mudar. Parar significaria entrar em crise, com as consequências que todos já conhecemos.

O mesmo ocorre com a comunicação auditiva, conhecida como rádio. Surgiu a partir das pesquisas no campo da física no início do século 20 e nunca deixou de evoluir. O auge atual é a transmissão via internet.

O on demand coloca nas mãos, nos dedos ou na voz do público o controle total. O "senhor dos anéis", ou seja, o poder de escolher o quê, quando, onde e como ouvir, não está mais nas mãos do emissor da programação, mas sim nas mãos do receptor.

On demand combina programação ao vivo e gravada, e existem plataformas na internet especialmente desenvolvidas para isso. O conteúdo gravado não se perde mais devido ao deterioramento de fitas, chips ou qualquer outra tecnologia material, pois agora é armazenado nas nuvens.

O tempo já não afeta a materialidade do conteúdo arquivado na programação. Não há traças ou fungos que atacam os bits e bytes armazenados nas nuvens (mas temos os hackers). O on demand é uma manifestação disruptiva na qual o receptor se torna o controlador e o emissor se adapta aos desejos do receptor.

Todo arquivo tem a atualidade, a importância e a periodicidade que o novo controlador deseja atribuir. O ouvinte das novas plataformas decide quando e onde deseja ouvir ou assistir.

"Eu fico é de olho no meu bom e ágil celular comprado da Telesp", exalta a "ondemandeira" Dona Juventina!

TUDO MUDA EM 24 HORAS

Os impactos das novas tecnologias são constantes e, muitas vezes, disruptivos. Existem inúmeras experiências em andamento e não se sabe exatamente o quanto estará disponível no mercado. Por isso, é preciso ficar atento e avaliar se podem ou não contribuir para o New Rádio.

Existem robôs capazes de escrever notícias, selecionar temas de interesse do público, agendar entrevistas e criar playlists para programas específicos. No entanto, eles ainda não conseguem substituir a emoção, uma característica humana que atrai audiência para os programas.

Quais elementos do velho rádio permanecem no New Rádio?

Com as novas tecnologias, tornou-se mais fácil encontrar fontes para entrevistas. Recursos como aplicativos e outras ferramentas tecnológicas permitem identificar uma diversidade de opiniões e perspectivas.

Os custos de produção são reduzidos significativamente com os novos recursos disponíveis. A conclusão de um assunto no mundo digital é um ponto de referência importante. Existe um momento em que o assunto se esgota e insistir nele pode dispersar a audiência. O ecossistema da comunicação está em constante evolução, com grandes saltos tecnológicos ocorrendo a todo momento.

O smartphone e suas inovações contínuas representam o maior portal para o New Rádio. Ele permite o acesso a uma ampla variedade de canais de comunicação em escala mundial. No entanto, isso também resulta na formação de grandes conglomerados que possuem um poder significativo de controle sobre a informação, decidindo o que é divulgado e o que é conhecido.

A tecnologia 5G permite velocidades de internet sem precedentes, multiplicando as conexões em rede. Isso proporciona uma experiência de navegação mais rápida e eficiente, possibilitando o acesso a um maior volume de dados e a uma maior capacidade de transmissão de informações.

É preciso aproveitar ao máximo as possibilidades das narrativas digitais para contar histórias.

Graças às novas tecnologias[1], a quantidade de informações produzidas em um único dia é maior do que uma pessoa poderia assimilar durante toda a sua vida em um passado recente.

DONA JUVENTINA ADVERTE

Cuidado com fórmulas mágicas que tentam te vender. O que funciona para uma pessoa pode não funcionar para todos. Além disso, o que funciona hoje pode não funcionar amanhã. Cansei de comprar barbatana de tubarão que disseram que milagrosamente iria curar minha artrose.

[1] Procure se inteirar sobre temas de Inteligência Artificial (IA), Internet das Coisas (IdC), Big Data, Realidade Virtual (RV), Realidade Aumentada (RA) e Metaverso.

ÁLBUM DE FIGURINHAS - PARTE 2

LEIA O QR CODE PARA TER ACESSO AOS DEPOIMENTOS.

ANTONIO TOLEDANO

Publicitário.

ARLETE TABOADA

Jornalista e professora universitária.

BERNARDO VELOSO

Radialista.

CARLOS RIGHI

Publicitário.

CARLOS SILVIO PAIAIÁ

Radialista.

CÉSAR OLIVEIRA

Locutor.

CIRO GUIMARÃES

Jornalista e professor universitário.

CLAUDIO JUNQUEIRA

Jornalista e professor universitário.

CLÁUDIO NICOLINI

Jornalista e radialista.

CAPÍTULO 3

AUDIÊNCIA

A GUARDIÃ DA AUDIÊNCIA

Você deve ter notado nas páginas anteriores que os autores não conseguem se livrar da tal Dona Juventina. Ela se intitula "ombudswoman" deste livro. O termo correto é *ombudsman* e serve para todos. Certo ou errado, nada do que é divulgado, seja pelas redes sociais, FM, online ou qualquer outra plataforma de som, vídeo e texto, escapa da fiscalização das "donas Juventinas". Existem até sites especializados em receber reclamações de ouvintes. Muitas críticas podem prejudicar a credibilidade da emissora, especialmente se tratando de fatos e não necessariamente opinião.

Em nosso país, a figura do *ombudsman*, já conhecida na Europa e nos Estados Unidos, foi adotada em 1989 pela Folha de São Paulo. Ele é uma espécie de SAC do ouvinte, que recebe, analisa e responde às questões relevantes enviadas pela audiência. Esse papel abrange a multiplataforma, ou seja, nada pode escapar de uma investigação cidadã. Geralmente, há um espaço visível no site onde podem ser compartilhados áudios, vídeos e textos de consumidores da programação.

Geralmente, o *ombudsman* organiza todas as comunicações relacionadas a determinado tema e responde de forma abrangente. No entanto, em casos mais emblemáticos, pode responder diretamente ao reclamante. Em sua essência, o ombudsman deve ter um mandato que o mantenha livre das pressões da empresa e dos colegas em seus comentários. ***"A mulher de César não basta ser honesta, tem que aparentar honestidade"***, exalta Dona Juventina. Assim, se o público perceber qualquer interferência nas observações do ombudsman, a emissora perde credibilidade. Todos os assuntos podem ser questionados, apontados e perguntados, como esporte, entretenimento, concursos, brindes, publicidade, jornalismo, entre outros. Com as redes sociais, essa janela de críticas se torna panorâmica e pode até chegar aos acionistas, caso a emissora seja uma empresa familiar ou esteja listada na bolsa de valores.

"By the way", diz Dona Juventina, com o seu sotaque britânico, "a palavra ombudsman tem origem escandinava e significa representante do público. Dá uma olhada no Google".

Afinal, o que se espera do representante do público?

- Aperfeiçoar a equidade, exatidão e responsabilidade da emissora, seja ela uma empresa privada, pública ou individual.
- Empenhar-se em melhorar a qualidade e aumentar a credibilidade da emissora.
- Ser o crítico interno da emissora à qual presta serviço.
- Representar o público em todas as suas reclamações.
- Alertar a direção da emissora sobre o conteúdo das observações, queixas e questionamentos do público.
- Dispor de espaço regular para postar suas observações.
- Divulgar internamente suas considerações e realizar reuniões com todos os que produzem e apresentam programas no New Rádio.

"Pera aí, meus filhos. Leiam no final do livro a indicação de Jornalismo Para Leigos", encerra o capítulo a queen dos ombudsman tupiniquins.

DE OLHO NA AUDIÊNCIA

O inimigo é mais numeroso e bem armado do que você? Então, enfrente-o gradualmente, em situações em que você tenha uma superioridade numérica, uma vantagem estratégica. Evite lutar quando a vitória é incerta. No geral, adote uma estratégia defensiva, mas cada um deve ser ofensivo em sua luta para equilibrar as forças e alcançar a vitória na guerra. ***"Conquistar audiência é uma guerra", proclama Dona Juventina.***

NOTA: "90% dos brasileiros consomem algum formato de áudio, como Rádio, streaming ou podcast". A informação faz parte do estudo "Inside Áudio 2023" da Kantar Ibope Media, que aborda o consumo do meio no Brasil e as oportunidades de inserção para as marcas. A análise contempla dados de 13 regiões metropolitanas: Belo Horizonte, Campinas, Curitiba, Florianópolis, Fortaleza, Goiânia, Porto Alegre, Recife, Rio de Janeiro, Salvador, São Paulo e Vitória, além do Distrito Federal.

O advento das novas mídias, além do já existente FM, abriu imensas possibilidades para que novos talentos tenham um espaço garantido no New Rádio. As novas plataformas digitais democratizaram os espaços e acessos, permitindo que um número maior de pessoas possa empreender no mundo da comunicação auditiva. Repete-se agora o que todos já sabiam: o que deu certo ontem pode não dar certo hoje, e o que dá certo hoje pode não dar certo amanhã.

Este novo mundo digital impede cada vez mais a existência de situações de conforto. Não dá para ficar parado com tudo mudando incessantemente. Isso impõe uma única regra: tudo pode ser mudado, deve ser mudado. Ou as coisas funcionam ou não funcionam e precisam ser trocadas. Não há meio termo.

Os programas de comunicação auditiva online, como o New Rádio ou FM, são criações individuais, embora exijam uma equipe para sustentá-los. Cada pessoa deve ousar e abrir seu próprio canal de comunicação no mundo cibernético, avaliando constantemente os resultados. Tem repercussão? Audiência? *Likes*? Comentários? Críticas? *Dislikes*? Inscrições? Seguidores? Se não tiver, busque um novo caminho. Outros estão fazendo o mesmo.

Para ajudá-lo no processo, aqui vão algumas orientações:

- Utilize detalhes relevantes e elimine os desnecessários.
- Faça com que a audiência consiga "ver" o que você está descrevendo.
- Comece o programa com uma história interessante que chame a atenção da audiência. ***"Se não", diz Dona Juventina, "vai falar para as baratas, se é que elas não vão desertar".***
- Mantenha-se sempre verdadeiro e conquiste a audiência.
- Evite ser chato ou aborrecer a audiência com assuntos que só são relevantes para você ou para um grupo específico. Lembre-se de que você está falando diretamente com cada ouvinte. Que tal uma conversa?
- Se algo importante acontecer repentinamente, adapte-se e altere o rumo do programa. Seja flexível.
- Quando tiver tempo e estiver fora do trabalho, ouça a programação das rádios concorrentes no FM ou na web.
- Baseie seu programa em suas experiências de vida. Pense se aquilo que você diz aos outros é o que gostaria que dissessem a você.
- Não crie conflitos desnecessários. ***"Erros devem ser usados como oportunidades de aprendizado", como diz Dona Juventina.***
- Mude, mude, mude sempre.
- Se não souber algo, admita. A honestidade é valorizada pela audiência.
- Comente sobre as atrações de outros programas e apresentadores.
- Seja autêntico, tanto no FM quanto no New Rádio.
- Arrisque-se e experimente coisas novas. Avance sem medo.

- Não economize elogios aos concorrentes e não omita marcas ou nomes de empresas, como certa emissora, certo supermercado etc.
- Reconheça as qualidades dos concorrentes.

Pelas orientações acima, pode-se perceber que a comunicação auditiva, seja no FM ou no New Rádio, é altamente pessoal. Ao criar uma presença online, o rosto do apresentador é o que aparece primeiro. Por isso, além de avaliar a aparência, o público avalia o conteúdo e associa a imagem à credibilidade. Seja um programa de jornalismo, música, entretenimento, esportes ou humor, lembre-se de que conquistar a audiência depende exclusivamente de você. ***"Impedir que ele abandone você, também", diz a velha senhora.***

A cada dia, é preciso responder às perguntas mais inoportunas para aqueles que se dedicam à comunicação auditiva: Será que o público gostou?

O que apresentei foi relevante para a minha audiência? Você conseguiu sensibilizar o público com o conteúdo? E você, como se sente?

Será que dá para fazer melhor amanhã?

A comunicação auditiva aproxima as pessoas de forma mais intensa do que aquelas que dependem também da imagem para transmitir a mensagem. Por isso, é importante que o programa tenha personalidade, mexa com o imaginário das pessoas e sensibilize aqueles que estão acompanhando, independentemente da plataforma. Avalie se você está falando como um amigo para outro, mesmo ao compartilhar notícias.

Não subestime aqueles que o seguem. Apenas um amigo pode compartilhar comigo os acontecimentos do dia a dia, as histórias do transporte público, os últimos sucessos musicais e as experiências de pessoas que lutam diariamente para sobreviver. Eles vivenciam as mesmas experiências do cotidiano e merecem ser valorizados.

Lembre-se: se não sabe contar uma história, não se arrisque a ser um apresentador de programa. O público gosta de ouvir histórias bem contadas. ***"A do chapeuzinho vermelho não vale", encerra este capítulo Dona Juventina.***

A MEDIDA DO PÚBLICO

A pesquisa de audiência é apenas uma ferramenta para construir a programação, nada mais. Ela não responde onde estão os ouvintes, uma vez que muitos deles estão em movimento, no carro, no metrô, na academia e em outros lugares acessíveis pela tecnologia digital, geralmente no celular.

A velha e inválida pesquisa de audiência tenta mapear em qual área da cidade a emissora é mais ou menos ouvida, mas uma boa parte do público está em constante movimento. Além disso, muitos ouvem rádio enquanto estão na cozinha usando dispositivos como a Alexa. Essa pesquisa é baseada no *recall*, ou seja, na abordagem de uma pessoa e na pergunta sobre qual emissora ela estava ouvindo em determinado horário no dia anterior. No entanto, muitos entrevistados não se lembram ou respondem qualquer coisa, o que levanta questionamentos sobre o valor desse método de pesquisa.

A pesquisa baseada no *recall* não captura o ouvinte em tempo real, pois se refere a informações do passado, como o que foi ouvido ontem ou na semana passada. No entanto, muitas emissoras ainda investem nesse tipo de pesquisa e realizam longas e improdutivas reuniões para discutir audiência com base em números que não têm credibilidade.

A pesquisa de audiência do New Rádio é semelhante ao método de minuto a minuto utilizado para medir a audiência das emissoras de televisão abertas. Nesse caso, é adotado o PPM (*Portable People Meter*), que fornece resultados de audiência imediatos, minuto a minuto, durante as 24 horas do dia. Os resultados podem ser acompanhados online, por meio de um aplicativo de celular ou em uma tela de computador. Essa abordagem permite que a audiência seja monitorada constantemente,

Confira o depoimento do Roberto Tranjan, inspirador no mundo dos negócios.

mostrando também o percentual de aparelhos sintonizados em determinado momento. Isso é importante, pois ter 2% de audiência em uma base de 66% é diferente de ter 2% em uma base de 36%.

Um pequeno dispositivo é fornecido a um ouvinte, que o carrega consigo durante todo o dia. Isso difere do método de medição de audiência da televisão, que ocorre principalmente em casa. O dispositivo registra quando e por quanto tempo o ouvinte está sintonizado na emissora.

É possível que em um futuro próximo a audiência seja medida por meio do uso de aplicativos em computadores e celulares, permitindo assim a medição das páginas e plataformas que estão sendo acessadas. Esse avanço tecnológico pode oferecer uma compreensão mais abrangente dos hábitos de consumo de mídia do público e ajudar a direcionar estratégias de conteúdo de forma mais precisa.

Esse avanço na pesquisa de audiência, que já está em uso nos Estados Unidos e pode ser implementado no Brasil na era do New Rádio, tem o potencial de fornecer resultados surpreendentes sobre o comportamento do público ouvinte. ***"E como vocês disseram na abertura, é apenas uma ferramenta", encerra o capítulo Dona Juventina.***

NOVOS TEMPOS, NOVAS MEDIÇÕES

"Quando Henry Ford produziu carros baratos e confiáveis, as pessoas falaram 'não, nós temos cavalos.' Ele fez uma grande aposta. E funcionou."

Elon Musk

O rádio passa por grandes transformações, como estamos mostrando neste livro. ***"Eu percebi", diz Dona Juventina, "tem até um tal "querricold", que nem sei o que é, mas me falaram que este livro está em dupla plataforma".*** O novo rádio, impulsionado por bits e bytes, é o que chamamos de New Rádio. A principal empresa de medição de audiência no Brasil, a Kantar Ibope, em função dessas mudanças, reformulou sua metodologia e passará a trabalhar com momentos e contextos do dia a dia das pessoas, em vez de focar em locais especí-

Confira o depoimento da Melissa Vogel, CEO da Kantar Ibope.

ficos. Dessa forma, a medição de zonas da cidade se torna menos relevante. O princípio é que a audiência está em constante movimento, e com o aumento da potência dos dispositivos eletrônicos, as pessoas podem ouvir rádio em diversas situações.

De acordo com a Kantar Ibope, a nova metodologia de medição de audiência tem como objetivo fornecer um nível mais detalhado sobre o consumo dos ouvintes. Agora, em vez de apenas cinco opções de respostas, haverá oito, permitindo uma maior segmentação e compreensão dos hábitos de audição. Essa mudança também reflete a evolução dos comportamentos e hábitos relacionados ao meio de rádio nos últimos anos. Com essa nova abordagem, será possível acompanhar os diferentes contextos do dia a dia do ouvinte e obter uma visão mais abrangente do seu envolvimento com o meio radiofônico.

As atualizações são necessárias para entregar uma fotografia mais nítida a respeito do consumo do rádio, diz Giovana Alcantara, do Ibope.

A Kantar Ibope está atenta ao poder do vídeo e, em 2022, lançou o Cross Platform View™. Desde então, essa solução tem integrado dados de audiência domiciliar da TV aberta, TV paga e das plataformas de vídeo online. Como uma evolução recente na jornada de medição, agora também inclui dados do TikTok.

"É bom todos ficarem atentos mesmo", ressalta Dona Juventina, "as coisas mudam muito rápido".

No terceiro episódio da websérie, contamos com Thiago Uberreich falando um pouco sobre a Copa do Mundo no rádio.

Faça a leitura do QR code com seu celular ou tablet para acessar o episódio completo.

CAPTURAR A AUDIÊNCIA PELA MANHÃ

O New Rádio utiliza todas as plataformas digitais possíveis e acessíveis ao público, sem abandonar os meios tradicionais como o FM. O rádio ainda é amplamente utilizado, especialmente no momento em que as pessoas estão dentro do carro.

Poucos ainda têm acesso direto ao YouTube ou pedem para a Alexa sintonizar uma emissora durante o café da manhã, mas esse hábito já está se consolidando. Cabe ao apresentador e ao produtor do programa compreender o momento em que o público está vivendo e envolvê-lo de forma a capturar sua atenção e fidelizá-lo.

Independentemente da plataforma - seja no smartphone, no computador ou no receptor FM do carro - é importante fornecer informações relevantes de maneira contínua, precisa e descontraída, agregando conhecimento ao público para o seu dia a dia. Afinal, aqueles que se deslocam pela manhã estão indo trabalhar, estudar, conduzir alguém, praticar esportes ou realizar outras atividades típicas desse período do dia.

O New Rádio possui um acervo de conteúdo sob demanda disponível para a audiência, permitindo o acesso a qualquer hora do dia. No entanto, é importante destacar que a maior parte do público sintoniza a rádio ao vivo durante o período da manhã, principalmente por meio da transmissão FM.

Assim, é fundamental incluir informações sobre trânsito, condições climáticas, transporte público, aeroportos, estradas de acesso à cidade, música, promoções, resultados do futebol e atualizações das principais notícias.

O que diferencia um programa de uma concorrente é a personalidade do apresentador, que deve se destacar e agregar um estilo único ao conteúdo.

Lembre-se de que muitas pessoas não gostam de acordar cedo, por isso o programa precisa ser alegre, otimista e, acima de tudo, oferecer serviços úteis. Para combater o mau humor matinal, nada melhor do que o bom humor do apresentador e sua equipe.

Se o programa for monótono, pessimista, crítico sem oferecer alternativas, ou se adotar uma postura populista, certamente o público mudará para outro programa, seja na mesma plataforma ou em outra.

Quantos relógios estão disponíveis para o ouvinte durante sua rotina, desde o momento em que sai da cama até chegar ao trabalho, estudo ou atividade esportiva? Certamente há muitos, mas fornecer a hora é um serviço que pode ser oferecido periodicamente, sem a necessidade de exagerar com atualizações minuto a minuto.

"Repetimos: hora e temperatura à vontade", diz nossa ombudsman Dona Juventina.

As pessoas têm pouco tempo disponível, portanto, deixam as histórias longas e extensas para outros horários. Elas estão disponíveis no site ou em outras plataformas on demand. É importante lembrar que a audiência nesse período é altamente volátil, com uma constante ligação e desligamento. Alguns ouvem enquanto estão debaixo do chuveiro, outros na mesa do café, outros no trânsito, seja no próprio carro ou no transporte público.

Não se acanhe em repetir o que for essencial. ***"Mas não encha o saco", diz Dona Juventina.***

Não compartilhe seus problemas pessoais com o público, pois eles já têm os seus próprios. Jamais diga que está cansado...

Utilize suas experiências pessoais sempre que puder relacioná-las às vivências de outras pessoas, mantendo a honestidade e o otimismo.

O humor é uma excelente ferramenta para fidelizar a audiência, desde que seja sincero e autêntico. Se for forçado ou falso, pode prejudicar a sua relação com o público. Nunca subestime a capacidade do público em fazer suas próprias leituras do que está sendo transmitido.

Faça coisas que seu público faz. Que tal comentar os preços do supermercado perto da sua casa? Ou do restaurante vegetariano próximo ao seu trabalho? Ou ainda, as notas baixas que seu filho tirou na escola?

GUERRA DOS ALGORITMOS

O que são os benditos (ou malditos) algoritmos de que tanto se fala? Antes de definir isso, vamos voltar um pouquinho.

Como se mede a audiência no rádio e na televisão? Como já mencionamos anteriormente, o Ibope é o responsável por fornecer os números de audiência para todas as emissoras. E, é claro, esse serviço tem um custo.

E por que é importante saber e conhecer a audiência? Para vender publicidade.

E na internet? Cada plataforma disponibiliza os números de audiência. É responsabilidade do produtor ou criador do programa somar todos esses dados ou discriminá-los em um *media kit*, que será usado para a venda de publicidade.

Se, por exemplo, você tem um site, basta instalar um código do Google Analytics, que ele mostrará quantas pessoas têm acessado o seu site, de onde são essas pessoas, quanto tempo elas ficam no seu site e quais páginas elas acessam. Essas são apenas algumas informações. O Google Analytics oferece muito mais informações de forma gratuita.

Agora, nas plataformas como Instagram, Facebook, TikTok, LinkedIn, Spotify, Anchor, YouTube, Twitch, entre outras, cada uma tem sua própria forma de fornecer dados sobre a audiência. Elas geralmente apresentam gráficos simples de serem entendidos.

Mas vamos voltar ao algoritmo. Ao pé da letra, o algoritmo nada mais é do que a programação de uma plataforma. É uma sequência de raciocínio, instruções e operações que são seguidas para alcançar determinado objetivo.

O algoritmo nas redes sociais é responsável por entender suas preferências. Quanto mais você interage, curtindo e comentando publicações de uma mesma pessoa, mais as publicações dessa pessoa são exibidas para você. As plataformas têm acesso a informações sobre suas preferências, como o que você gosta e o que não gosta.

O que tem acontecido desde o início das redes sociais são profissionais desenvolvendo estratégias ou técnicas para aumentar a visibilidade do seu conteúdo. Essas são conhecidas como *hacks*. São maneiras de otimizar o desempenho do algoritmo e obter maior alcance.

Acontece que as plataformas são tão dinâmicas que, de um mês para o outro, tudo aquilo que você conhece pode mudar. Não existe uma regra fixa. Um mesmo vídeo que postamos no YouTube, Instagram, Facebook e TikTok pode ter um número diferente de visualizações em cada uma dessas plataformas.

Informações importantes sobre os algoritmos.

Postamos um vídeo com a Maiara Bastianello, com menos de 1 minuto de duração, em que ela fala sobre o acidente do helicóptero envolvendo o jornalista Ricardo Boechat.

Confira os números de visualizações desse vídeo até o dia em que este capítulo foi escrito:

YouTube: 757 views
Instagram: 783 views
TikTok: 158.700 views

Postado no mesmo dia e horário. E a cada vídeo, os números são completamente diferentes. ***"Não existe regra", reforça Dona Juventina.***

Vamos para outro exemplo, agora com uma publicação também no Facebook. Trata-se de um trecho do NEH! Podcast em que Heródoto Barbeiro fala sobre o surgimento da GE.

Facebook: 68 views
YouTube: 498 views
Instagram: 7.586 views
TikTok: 22.100 views

Bom, ao comparar os números, pode-se concluir que o TikTok está proporcionando maior visibilidade, correto? Bem, pelo menos até o momento, o algoritmo do TikTok realmente está apresentando mais conteúdo, mas também há vídeos que não têm tantas visualizações. Veja este outro exemplo de um vídeo em que falamos sobre algumas coisas antigas que costumávamos usar no passado, como telefone de disco e internet discada... coisas que apenas o Nilo Frateschi conhece:

YouTube: 119 views
Facebook: 246 views
TikTok: 283 views
Instagram: 873 views

É muito provável que no momento em que você estiver lendo este livro, esses números já estejam completamente diferentes. Ou ainda, cada plataforma estará entregando o conteúdo de maneira diferente. Quem sabe até pior, alguma dessas plataformas já tenha deixado de existir.

Tudo é muito rápido. Precisamos de atualização constante. E tenha em mente uma coisa: não existem regras para burlar o algoritmo.

"Tá no ar? Então viva a atmosfera!" Convidamos você a conferir agora o episódio da nossa websérie com o ator, publicitário e músico... Ricardo Côrte Real. Falamos sobre jingles e ele ainda deu uma palhinha.

Faça a leitura do QR Code com seu celular ou tablet para acessar o episódio completo.

LEIA O QR CODE PARA TER ACESSO AOS DEPOIMENTOS.

ÁLBUM DE FIGURINHAS - PARTE 3

CLAUDIO ZAIDAN
Radialista e comentarista.

CRISTINA TORELLI
Jornalista e professora universitária.

DANIELA PEDROSO
Diretora da Rádio CBN Campinas.

DANILO FUIN
Diretor executivo da Rádio Nova Brasil.

DEBORA CRISTINA LOPEZ
Jornalista e professora universitária.

DÉBORA SANTILLI
Jornalista e radialista.

DOUGLAS MIQUELOF
Publicitário.

EDUARDO MONTONE
Jornalista.

ELMO FRANCFORT
Jornalista, radialista e professor universitário.

CAPÍTULO 4

FUNDAMENTOS

- QUAL A SUA MARCA?
- *STORYTELLING*
- EXPLORANDO OS ESTILOS DE PROGRAMAS DO NEW RÁDIO
- O PRODUTOR NO NEW RÁDIO
- NEW RÁDIO ENTREVISTA
- O PROGRAMA MUSICAL NO NEW RÁDIO
- TUDO NOS SEUS MÍNIMOS DETALHES
- O TALK SHOW NO NEW RÁDIO
- ÁLBUM DE FIGURINHAS – PARTE 4
- CHAME O VAR
- RECADINHO PARA OS ENTREVISTADOS
- ESCREVER PARA OUVIR
- AS LETRINHAS NA TELINHA
- ADAPTE-SE OU MORRA: A EDIÇÃO
- ESPORTE, O BRASIL EM CHUTEIRAS?
- ONDE ENTRAM OS E-SPORTS NO NEW RÁDIO?
- AS EMPRESAS DO NEW RÁDIO
- ÁLBUM DE FIGURINHAS – PARTE 5

QUAL A SUA MARCA?

"A minha marca é a Chanel, especialmente o Número 5. Só de sentir o perfume eu logo lembro dela, e sempre mantenho o meu vidro para que não acabe", exclama Dona Juventina, nossa consultora regiamente paga para dar palpites neste livro.

Assim como o perfume, o carro, o jeans e o hambúrguer, a emissora precisa ter uma marca, e esta tem uma força extraordinária, a ponto de possuir um valor monetário. Se tiver tempo, pesquise o ranking do Interbrand no Google. Você ficará surpreso com o valor das marcas e o esforço que as empresas fazem para se posicionar nas melhores colocações. Quedas no ranking podem afetar até o valor das ações na bolsa de valores.

Crie a sua marca!

- Não se confunda com o slogan, que pode ou não existir e pode ser trocado ao longo do tempo. Quantos slogans da Coca-Cola você se lembra?
- A construção de uma marca é um processo. Ela conecta a sua emissora, seja individual ou empresarial, com o público. Quando você vê um grande M amarelo em uma avenida, qual produto vem à sua mente? Hot dog?
- O marketing é o caminho para a construção de uma marca. Inicialmente, é necessário identificar um mercado para a sua emissora do New Rádio. **Sua emissora é um negócio como qualquer outro.** Qual problema ela resolve? O que os ouvintes desejam? Você está em condições de atendê-los? É necessário conquistá-los com sua programação, antes e depois.
- ***"Você vai pôr em prática o ditado que diz que nada se cria, tudo se copia", exalta Dona Juventina.*** Sua programação deve se diferenciar do que já existe no mercado e atender às necessidades da audiência.
- Não basta apenas conquistar o público, é preciso fidelizá-lo.
- Faça com que sua emissora seja conhecida, saiba que ela existe, onde pode ser acessada e como pode atender aos desejos do público-alvo.
- Divulgue os meios de acesso à sua programação, como FM, YouTube, aplicativo e todas as outras opções disponíveis na internet.

- As ferramentas podem custar caro. É importante buscar formas criativas de reduzir os custos, como utilizar pesquisas de mercado econômicas, promoções efetivas, aproveitar assessorias de imprensa, explorar plataformas digitais pessoais e comerciais e utilizar anúncios de forma inteligente. O objetivo é maximizar a divulgação da marca com o orçamento disponível.
- Trate a sua audiência como se fosse seu melhor amigo.
- Use as redes sociais a favor da sua marca, e não contra ela. ***"Portanto, olho nos bits e bytes", completa Dona Juventina.***
- ***"Não menospreze a sua audiência. Ninguém consegue enganar todos, todo tempo", diz a Dona..., ops, Abraham Lincoln.***
- Com o atual estágio de desenvolvimento da sociedade digital, a marca é mais relevante do que nunca.
- Já descobriu o que diferencia a sua marca dos concorrentes?
- Siga os exemplos das gigantes Amazon, Google, Microsoft e Apple, que acumulam todas as informações possíveis para conquistar consumidores. Consulte o valor dessas marcas.
- Se ainda não se convenceu da necessidade de construir sua marca, lembre-se de que, graças à internet, sua emissora tem centenas de concorrentes.
- Tem certeza de que sabe o que o seu público quer?

Confira este passo a passo:

- A maioria das pessoas busca companhia, por isso, acompanhe-me.
- A audiência deseja se sentir segura, portanto, inclua a participação de profissionais como médicos, meteorologistas, economistas e outros especialistas de credibilidade.
- Surpreenda o público, ele aprecia situações inusitadas e eventos imprevisíveis, como a queda da bolsa, por exemplo. ***"Pode ser uma zebra na loteria", diz Dona Juventina.***

- Seja didático, compartilhe conhecimentos que possam contribuir para o crescimento e aprimoramento da carreira, negócio, escola e família.
- Ajude-me a realizar meu sonho através de boas músicas, talk shows, entrevistas, programas de jornalismo e outras formas de contar boas histórias.
- A audiência não é uma massa de pessoas que podem ser conduzidas como um rebanho de ovelhas. Cada ser humano é uma personalidade única e é necessário conquistá-los individualmente. Para isso, é preciso envolvê-los e mantê-los engajados. O marketing e a construção da marca são processos contínuos que demandam tempo. Não acontece da noite para o dia.
- É essencial envolver e satisfazer o público, convencendo-o de que o seu produto é superior à concorrência. É necessário ter competência para captar sua atenção e encontrá-lo onde ele está.
- Apresentadores de todos os assuntos também são uma marca. Sua vida profissional é reconhecida pela audiência, de modo que sempre que ouvem seu nome, associam-no a uma qualidade que gera admiração. ***"Por isso não misture sua vida pessoal com a profissional, chamo sua atenção mais uma vez, meus filhos", conclui Dona Juventina.***
- Não permita que o streaming seja apenas uma plataforma para se conectar com o público. Ele vai além disso. Apresenta inúmeras possibilidades de conexões e oferece conteúdos que podem cativar a audiência. É preciso conquistá-la. Isso reforça a importância de uma marca com credibilidade, admirabilidade, originalidade e continuidade. ***"Um processo tem começo, mas não tem fim", diz Dona Juventina.***

STORYTELLING

"Storytelling *é o jogo. É o que todos nós fazemos*."

Gary Vaynerchuk

Histórias são muito mais envolventes do que números chatos. Jesus já reconhecia que a melhor maneira de ensinar era por meio de parábolas, utilizando histórias significativas. Contar uma boa história é uma forma eficaz de capturar a atenção tanto de crianças quanto de adultos. Essa prática está presente não apenas nas origens do Cristianismo, mas também no Judaísmo, Islamismo, Hinduísmo e Budismo.

Story = História
Telling = Maneira que contamos as histórias

Um bom contador de histórias é fundamental para capturar a atenção da audiência. Existem exemplos marcantes de narradores em programas de áudio em todo o Brasil. Os mais diversos temas podem ser abordados de uma forma atraente, humana, descontraída e com toques de humor. ***"Só não pode ser chato", diz a irrequieta Dona Juventina.***

Ela mesma é reconhecida como a melhor contadora de histórias da vizinhança. Já recebeu vários elogios e algumas críticas. Sempre que alguém se aproxima do antigo sobrado onde vive, ela está pronta na janela para conquistar mais um ouvinte. Suas histórias não são conhecidas pela brevidade, ela conta tudo nos mínimos detalhes.

Os apresentadores do New Rádio devem ser bons *storytellers*.

Segundo Joni Galvão, especialista em *storytelling*, conteúdo é diferente de história:

> *"Conteúdo é lata de tinta, história é obra de arte. Você tem que ter sabedoria de transformar essas latas de tinta em obras de arte."*

Histórias estabelecem uma conexão com os valores transmitidos e a audiência. Essas conexões criam uma identificação entre o público e o apresentador.

Confira o depoimento do Bruno Scartozzoni, especialista em *storytelling*.

Por que você acredita que as pessoas têm seus programas, personagens e artistas favoritos? É devido à conexão criada entre eles por meio das histórias contadas. Cada um tem sua própria maneira de se expressar, um estilo único e uma dinâmica que agrada alguns e desagrada outros. ***"É melhor agradar", diz nossa storyteller.***

Afinal, os bons *storytellers* nascem com esse dom ou é algo que se pode adquirir? Na nossa opinião, algumas pessoas têm mais facilidade natural para isso. No entanto, é possível aprender por meio da prática, do feedback adequado e da abertura para receber críticas construtivas. Imagine um professor de história diante de uma turma de estudantes em um cursinho pré-vestibular que vai abordar o tema "Descobrimento do Brasil." Quantas vezes esses adolescentes, cheios de hormônios, já ouviram sobre isso? ***"Haja paciência", resmunga a velhota.***

Ainda assim, esse professor tem um talento para contar histórias capaz de cativar a atenção dos estudantes e receber aplausos no final da aula. Em uma entrevista com um desses professores, perguntamos qual era o segredo desse sucesso. Treino, treino e treino, disse o mestre. Então, se você quiser aprimorar sua capacidade narrativa: T R E I N E.

Estamos em momentos de guerra. Guerra pela atenção. É cada vez mais desafiador capturar a atenção de forma significativa, seja para obter mais visualizações, curtidas, comentários ou aumentar o tempo de audiência. É nesse contexto que as histórias desempenham um papel crucial. Elas têm o poder de romper essa barreira e conquistar a atenção do público. Essa é a importância fundamental das histórias.

Já reparou que você passa menos tempo no celular quando está assistindo a um filme ou a uma série envolvente? As histórias têm o poder de capturar, magnetizar e engajar as pessoas. É por meio delas que vigaristas conseguem enganar suas vítimas, contando histórias convincentes, desde o famoso golpe do bilhete premiado até sorteios falsos de viagens a Dubai. ***"Só se for de primeira classe", proclama Dona Juventina.*** As histórias têm um poder persuasivo que pode ser usado tanto para entretenimento quanto para manipulação.

Lembramos que durante o lançamento do nosso primeiro livro, **100 anos de rádio no Brasil**, Fernando compartilhou uma história pessoal em que foi menosprezado em um momento de sua vida e fez uma conexão emocional com uma carta deixada por seu avô pouco antes de seu falecimento. Até hoje, pessoas que estavam presentes no evento se recordam dessa história e mencionam como ela as emocionou. Foi um momento em que Fernando conseguiu deixar uma marca significativa por meio de sua narrativa pessoal.

Orientações para os storytellers do new rádio:

- conte histórias que aconteceram com você;
- traga para o contexto;
- seja cativante;
- emocione;
- divirta-se;
- descubra novas histórias;
- sempre converse com pessoas sobre assuntos diversos;
- leia bons livros;
- assista filmes, séries e documentários;
- não tente parecer quem você não é;
- crie personagens nas suas histórias;
- faça suspense; e
- faça sua audiência sorrir ou dar risada.
- ***"Contagie", se exalta Dona Juventina.***

EXPLORANDO OS ESTILOS DE PROGRAMAS DO NEW RÁDIO

Na era da digitalização e da mídia instantânea, o New Rádio surge com uma abordagem contemporânea para a transmissão. Com uma ampla gama de estilos de programas, incluindo música, variedades, jornalismo, esportes, educação e cultura e entretenimento, o New Rádio está reinventando a forma como nos envolvemos com as ondas de rádio. ***"Não são bits e bytes?", corrige Dona Juventina.***

Programas musicais

Inegavelmente, a música é o coração pulsante de muitas emissoras. Seus programas musicais abrangem uma grande variedade de gêneros, desde clássicos atemporais até os últimos sucessos do pop, hip-hop, rock, jazz, entre outros. Com apresentadores apaixonados por música, os programas musicais do New Rádio devem oferecer não apenas melodias, mas também uma discussão aprofundada sobre as tendências atuais e a evolução da música ao longo do tempo. Ao longo do nosso manual, você poderá conferir mais orientações sobre esse formato.

Programas de variedades

O New Rádio eleva o conceito de programas de variedades, proporcionando aos ouvintes um mix fascinante de tópicos como moda, culinária, viagens e tecnologia. Cada programa de variedades é como um baú do tesouro, cheio de histórias interessantes, dicas úteis e conversas estimulantes, tornando-os um deleite para qualquer ouvinte curioso. E para esses programas, as redes sociais são mais importantes do que nunca.

Programas jornalísticos

Para os ouvintes que buscam estar a par dos acontecimentos atuais, os programas jornalísticos do New Rádio são uma fonte confiável de notícias e análises. Eles se destacam pela cobertura cuidadosa de eventos locais, nacionais e globais, e pela perspectiva equilibrada que oferecem sobre os problemas que moldam nosso mundo. ***"E jornalismo é o que não vai faltar aqui no livro, né?", pergunta Dona Juventina.***

Programas esportivos

O New Rádio tem uma forte presença no campo (ou quadras, ginásios e pistas de corrida) dos programas esportivos, cobrindo uma gama diversificada de esportes. Desde futebol até atletismo, basquete e muito mais, esses programas mantêm os fãs de esportes atualizados sobre os últimos resultados, notícias e análises. Além disso, eles frequentemente apresentam entrevistas com atletas e especialistas, proporcionando uma visão mais profunda do mundo dos esportes. E, claro, dentro dessa categoria, em pleno século 21, não podemos deixar de destacar os E-Sports, os quais veremos em detalhes mais pra frente.

Programas educativos e culturais

Promovendo o amor pelo aprendizado e a apreciação pela diversidade cultural, os programas educativos e culturais do New Rádio são verdadeiras pérolas. Eles abordam uma ampla gama de tópicos, desde história e ciência até arte e literatura. Esses programas não apenas enriquecem o conhecimento dos ouvintes, mas também promovem a compreensão e a empatia interculturais. Podem ir desde documentários a entrevistas.

Programas de entretenimento

E o New Rádio sabe como entreter. Seus programas de entretenimento incluem comédia, drama, shows de talentos e talk shows com celebridades, criando um espaço onde os ouvintes podem relaxar, se divertir e rir. Os apresentadores carismáticos e o conteúdo envolvente desses programas são a garantia de um bom momento. Vale lembrar dos programas de ficção, como as famosas radionovelas.

Embora possam parecer uma reminiscência de uma era passada, elas ainda estão vivas e presentes em muitos lugares do mundo, incluindo América Latina, partes dos continentes africano e asiático. Claro que a popularidade das radionovelas diminuiu em muitos lugares com a ascensão da televisão, mas elas nunca desapareceram completamente e estão experimentando uma espécie de renascimento na era do podcast.

Com o ressurgimento da popularidade do conteúdo de áudio, graças, em grande parte, ao crescimento explosivo dos podcasts e serviços de áudio on demand, as radionovelas estão retornando de maneiras novas e criativas. Produtores contemporâneos estão utilizando o formato da radionovela para contar histórias complexas e envolventes, muitas vezes com uma produção de alta qualidade e um elenco de atores de voz talentosos.

Prestação de serviço

A prestação de serviço é uma das principais funções das emissoras do New Rádio em todos os seus formatos. Desde a sua invenção, o rádio tem desempenhado um papel fundamental na oferta de informações e serviços essenciais para a população, mantendo as pessoas sempre bem informadas.

Dentre os serviços prestados, destacam-se informações de trânsito, ofertas de emprego, previsão do tempo, horários de transportes públicos, campanhas de vacinação e medidas de combate a doenças como a dengue. Esses serviços ocupam uma parte significativa da programação, visando atender às necessidades da comunidade.

Os jornalistas que atuam nesse meio devem ter paciência e estar dispostos a ajudar as pessoas que entram em contato com as redações para fazer reclamações ou relatar problemas cotidianos, como falta de água, problemas de infraestrutura ou até mesmo animais de estimação perdidos. É importante ter em mente que, para muitos indivíduos, a simples ideia de um telefonema de alguém influente pode ser capaz de resolver essas questões do dia a dia.

Portanto, a boa vontade e disposição dos profissionais do New Rádio em lidar com essas demandas é fundamental, pois eles desempenham um papel relevante na promoção do bem-estar e na resolução de problemas da comunidade a qual eles servem.

Seja criativo!

O New Rádio, com sua diversidade de estilos de programas, está reinventando a experiência de ouvir rádio. Do ritmo contagiante dos programas musicais à profundidade informativa dos programas jornalísticos, da diversidade dos programas de variedades ao entretenimento - há algo para todos no New Rádio.

O PRODUTOR NO NEW RÁDIO

As plataformas digitais possibilitaram a integração e agilidade nas diferentes etapas da produção de áudio. Anteriormente, era comum que o apresentador contasse com o apoio de um produtor responsável por preparar pautas, entrevistas e fornecer informações atualizadas para os programas, sejam eles de talk show ou jornalísticos.

No New Rádio, o produtor possui várias funções, assim como os demais membros da equipe. Ele pode interagir com o apresentador durante a transmissão, além de ser responsável por elaborar pautas e agendar entrevistas. O produtor também aparece nos vídeos do estúdio e pode até mesmo conduzir uma sessão diária. Em resumo, o modelo de casamento entre apresentador e produtor, que frequentemente resultava em divórcio, foi superado.

Há aqueles que produzem seus próprios programas, porém tudo se torna melhor e mais leve com a ajuda de um produtor.

O produtor deve se inspirar na postura de um líder servidor. Já leram o livro com o mesmo nome?

Não se pode exigir dele mais do que ele possa produzir com qualidade. Caso contrário, pode-se perder audiência.

É necessário haver parceria entre produtor e apresentador baseada na ética, no respeito mútuo e na compreensão de que ambos são seres humanos com seus próprios problemas pessoais.

Bons produtores não nascem prontos, eles são formados ao longo do tempo por meio de trabalho árduo, aprendizado contínuo e dedicação constante.

A agenda ao alcance do produtor é uma ferramenta poderosa que permite levar ao ar uma variedade de convidados, desde ministros e influencers famosos até profissionais comuns em situações extraordinárias, como um chefe de bombeiros atuando em um incêndio.

O bom produtor atira no camelo e acerta... o camelo.

O feedback da audiência é crucial para aprimorar o programa, direcionar novas pautas e explorar novos temas e personagens. No entanto, o produtor deve ter em mente que uma única manifestação não necessariamente representa a opinião da maioria da audiência. É importante analisar e considerar diferentes perspectivas, para tomar decisões embasadas e garantir um conteúdo diversificado e atrativo.

É fundamental direcionar a atenção para a audiência como um todo, não se limitando apenas aos 1% que se manifestam nas redes sociais.

Outra arma poderosa é a coragem de interromper um entrevistado porque ocorreu um fato grave que precisa ser noticiado.

O produtor realiza uma pré-entrevista para avaliar se o convidado possui conhecimento real sobre o tema, se tem credibilidade para falar sobre ele e para acertar detalhes de som e áudio.

Também é papel do produtor:

- Agendar com o convidado e enviar as informações necessárias, como o tempo do programa, a pauta e o endereço.
- Figurino, maquiagem, alimentação, estadia, equipamentos necessários, alinhamento de agenda. Ou testar Skype, Vmix ou celular antes de começar a entrevista.

Atenção, produtor

Em casos de programas ao vivo, o que acontece se o convidado faltar? Você é responsável por ter um backup.

NEW RÁDIO ENTREVISTA

O sucesso das entrevistas no podcast é um testemunho da importância que as mídias sociais têm na difusão de ideias. Não é uma invenção recente, afinal, as entrevistas são um produto de comunicação que existe desde a época em que havia jornais impressos, produzidos com linotipia e impressos em poderosas rotativas.

As redes sociais, incluindo o New Rádio, ampliam o alcance das ideias e declarações do entrevistado, levando-as a lugares nunca imaginados. Existem várias plataformas disponíveis para entrevistadores e entrevistados, desde que compreendam o interesse do público, saibam fazer as perguntas certas e oferecer respostas relevantes.

Para saber, memorizar e praticar:

- A entrevista pode alavancar ou derrubar a audiência. ***"Anote aí", acode Dona Juventina.***
- Geralmente, uma entrevista malsucedida pode ser atribuída à falta de preparação tanto do produtor quanto do apresentador, que não sabem conduzir as perguntas de maneira adequada.
- Muitos entrevistados falam muito e não dizem nada. Certamente isso pode resultar na perda de interesse por parte da audiência, que pode facilmente interromper a entrevista ao clicar no mouse (ou tocar na tela do celular).
- Todos os assuntos, desde pop stars e galãs de séries até financistas e políticos, têm o desafio de não serem chatos e de corresponderem às expectativas da audiência.
- O entrevistado deve ter história para contar, informações para divulgar, opiniões para defender e a habilidade de traduzir termos técnicos para uma linguagem compreensível. O público deve sair melhor depois que ouviu a entrevista.
- Se o entrevistado fica sem saber o que dizer, desvia do assunto, demonstra desconhecimento ou é uma pessoa desonesta com uma boa equipe de assessores, é importante encerrar a entrevista de forma educada e gentil. E o produtor responsável... chama o Robespierre. ***"Quem ?", interroga a velhota.***
- Mantenha o controle da entrevista. Caso contrário, o entrevistado pode assumir o controle e direcionar o assunto para onde desejar. Muitas vezes repete incansavelmente as *key messages* que a assessoria treinou com ele e... derruba a audiência.
- A duração da entrevista é determinada pela relevância do assunto e pela sagacidade do entrevistado. Alguns merecem horas; outros, minutos.
- Faça perguntas as quais o público gostaria de obter respostas. Deixe sua erudição para a universidade. Não se acanhe em

fazer perguntas simples, didáticas e explicativas, mesmo que você tenha conhecimento sobre o assunto.

- O entrevistado fala por meio de você para o público e não necessariamente com você. Pense com a cabeça da audiência. Você não vai se arrepender.
- Há grandes e bons entrevistadores no podcast, no New Rádio. Alguns têm origem nas redes sociais, outros no "old" rádio.
- Não esqueça que o entrevistado e o assunto que será abordado são os protagonistas, não você.
- Seja sucinto ao apresentar o entrevistado, evitando um currículo longo que possa aborrecer o público.
- Lembre-se de que uma entrevista envolve dois lados. Ao abrir espaço para o entrevistado, ele proporciona informações relevantes para a audiência.
- Preste atenção nas respostas e, se for o caso, a pergunta pode ser uma continuação da primeira resposta.
- Tenha foco no tema e evite o uso de muletas como "como você vê isso" ou "na sua opinião".
- Seja direto e, se necessário, repita a pergunta caso o entrevistado não a compreenda. Lembre-se de que o entrevistado é o convidado, não você. Guarde sua opinião para outra oportunidade.
- Foque nas soluções, não apenas nos problemas do tema tratado. Respeite as respostas dadas pelos entrevistados. Você pode encontrar outras leituras relacionadas ao assunto no final do livro.
- Mantenha o controle da entrevista. Se não o fizer, o entrevistado o fará. A entrevista é um embate cultural, e o objetivo é garantir o interesse do público. Esteja atento ao *"knockout"*, pois ele pode ser desferido tanto pelo entrevistador quanto pelo entrevistado.
- Entrevista não deve ser confundida com marketing, publicidade excessiva, bajulação, busca de autopromoção ou outros subterfúgios.

- Use com parcimônia perguntas que possam ser respondidas com um simples "sim" ou "não". Alguns entrevistados habilidosos sabem como evitar respostas diretas e se esquivar de compromissos, como é o caso de muitos políticos.
- Dedique-se à elaboração da primeira pergunta, seja criativo. Busque envolver o entrevistado desde o início, fazendo-o entrar no jogo da entrevista.
- Surpreenda o seu entrevistado mostrando que você o conhece e pesquisou a respeito dele. Demonstre seu interesse genuíno em sua trajetória e experiências.
- Deixe o seu entrevistado confortável para que ele não trave.
- Tenha água à disposição. Para você e para o convidado.
- No jornalismo, a entrevista é o coração da narrativa, por isso o repórter não pode esquecer da ação mais importante... ouvir.
- Perguntas simples geram respostas simples.
- Evite os clichês e use a pausa a seu favor.
- Use cenários que a audiência é capaz de identificar, como transporte público, estádio, centro histórico e financeiro, shopping, entre outros.
- Ao terminar a entrevista, é recomendável fazer um resumo dos pontos principais discutidos. Evite fazer uma sequência de comentários sobre o que foi dito enquanto o entrevistado ainda está presente, pois isso pode ser considerado antiético.
- Números e siglas são derrubadores de audiência, use o mínimo necessário. O público esquece no primeiro momento.
- Lembre-se de que off é OFF. É uma questão ética e só pode ser quebrada em casos especialíssimos, como ameaça aos direitos humanos e à democracia, segurança pública, risco de morte, danos ao meio ambiente etc.
- Respeite o entrevistado, quer goste ou não dele, quer concorde ou não com suas ideias. Não perca a oportunidade de obter informações valiosas diretamente da fonte.

- Evite fazer perguntas longas, pois elas podem inibir o entrevistado e afastar a audiência. Após uma pergunta extensa, o entrevistado muitas vezes fica restrito a respostas curtas, como "sim", "não" ou "sim, senhor".
- Não esqueça que quanto mais à vontade o entrevistado estiver, maior e melhor será o conteúdo da entrevista.
- Surpreenda a audiência com perguntas criativas, pertinentes, bem-humoradas e certeiras.
- Lembre-se de que uma entrevista não é um debate. Se você deseja realizar um debate sobre um tema relevante, convide dois ou mais participantes ou assuma você mesmo uma das posições. No entanto, ao fazer o convite, deixe claro que se trata de um debate e não de uma entrevista.
- Alguns podcasts se destacam pela acidez do debate, o que não há nada de errado. No entanto, é importante deixar claro que há uma distinção entre um debate acalorado e uma entrevista. Uma coisa é uma coisa e outra coisa é outra coisa, como dizia a Dona Juventina.
- Entrevistas atualizam o dia a dia das pessoas que ouvem o New Rádio a caminho do trabalho, da escola, do compromisso, seja em seu smartphone, no carro ou no transporte público. No jornal da Nova Brasil, em uma hora, são entrevistas curtas, concisas e de conteúdo para o público-alvo.

O PROGRAMA MUSICAL NO NEW RÁDIO

Os programas musicais não sobrevivem no New Rádio. Há inúmeras plataformas com amplas possibilidades de acesso para todo tipo de música. Por isso, os programas, especialmente pela manhã, são turbinados com a prestação de serviço. Isso não pode impedir que o DJ lidere a apresentação e exponha sua personalidade. Assim, o programa não é apenas uma sucessão de músicas e falas, é muito mais. É um espaço para um líder de audiência.

O que você precisa saber sobre o programa musical?

- O New Rádio é um espaço para apresentadores de todas as idades, não necessariamente limitado aos jovens.
- O público-alvo é o senhor das seleções musicais. Caso não seja respeitado, existem inúmeras plataformas para escolher suas músicas prediletas.
- Não subestime o gosto musical da sua audiência. Perder audiência é muito mais fácil do que conquistar.
- Programas musicais não existem para serem preenchidos com coisas sem nexo, inúteis e que não fidelizam a audiência.
- Músicas geralmente são ligações com o passado, mas não abuse do que já passou. Procure histórias do presente, ligadas ao cotidiano do seu público.
- Os apresentadores precisam planejar programas mais criativos, com os sucessos almejados pelo público.
- A opinião dos apresentadores ajuda a captar audiência, porém sem radicalismos. Isso pode gerar imediatamente uma explosão contrária nas redes sociais.
- Garantir audiência para o programa é ter um bom *storytelling*, ou seja, acontecimentos que se identifiquem com o sonho da sua audiência.
- Não esqueça de ser você mesmo, ser único, crie o seu próprio estilo.
- Mantenha os chats abertos para que a audiência possa opinar sobre os assuntos tratados e as músicas tocadas.
- Depoimentos via áudio e vídeo com mais de 30 segundos devem ser descartados.
- Não encha o saco de quem o segue nas redes sociais do New Rádio.
- O talento pode levar você longe, mas não esqueça que ele precisa ser abastecido com experiência na apresentação.
- Não tenha medo de inventar, criar, experimentar e manter o que der resultado na audiência.

- Seja claro e didático sobre os assuntos tratados no show.
- Não tenha medo de trocar colunistas e outros convidados. Ninguém tem cadeira cativa. É desejável uma mudança de colaboradores.
- Faça tudo o que for possível ao vivo, mesmo que o áudio não seja perfeito.
- Vozes imponentes não são necessárias, use a voz que Deus lhe deu. Isso não impede exercícios de voz em busca de melhoria. Uma boa dicção pode potencializar ainda mais sua apresentação.
- Selecione um bom número de sites para apoiar as histórias que são contadas no show.
- Avalie o tempo do programa, dê agilidade e exclua o que for considerado chato.
- Não tenha medo de dizer "não sei". Arrogância afasta a audiência.
- Toda audiência é importante, não perca ninguém que queira ouvi-lo.
- Estabeleça um roteiro para o seu show, mas nunca dispense o improviso.
- Nunca menospreze o seu público, independentemente de a participação parecer idiota.
- Boas ideias devem ser aproveitadas, seja humilde.
- Colocar uma playlist para tocar pode parecer fácil, mas contar a história por trás de cada música ou artista é o desafio e o diferencial.

TUDO NOS SEUS MÍNIMOS DETALHES

O título foi inspirado em uma das ideias da Dona Juventina. Ela deseja que os programas de áudio sejam acessíveis a todos. Portanto, é importante que os apresentadores, âncoras, podcasters, repórteres, comentaristas e todos os participantes de um programa sejam didáticos.

Usar palavras e expressões de certas profissões, como o juridiquês, o mediquês e outros dialetos, só afasta o público.

Mesmo que o apresentador saiba o que significam as expressões técnicas, ele ou o entrevistado tem que explicar ao público.

Programas, talk shows, talk news, all news, entre outros, precisam praticar o jornalismo explicativo. Para isso, é preciso conhecer o assunto para não falar mais bobagem e confundir ainda mais a audiência. Tem que ler. ***"Repete aí, meu filho", diz Dona Juventina.*** Tem que ler.

Explicar não é fácil. É preciso ter habilidade didática, conhecimento sobre o assunto e, em alguns casos, um pouco de humor pode ajudar a tornar a explicação mais acessível e envolvente para a audiência.

Alguns programas optam por adotar uma abordagem opinativa, em que os apresentadores expressam suas opiniões, provocam polêmica e buscam entrevistados com pontos de vista divergentes, com o objetivo de criar um impacto maior na audiência. Essa fórmula costuma atrair uma boa audiência. Nada contra. É uma decisão do apresentador e da emissora.

O TALK SHOW

O talk show no New Rádio é um ponto forte da programação de plataformas corporativas ou individuais. Supera o velho talk show que se limitava a uma série de sucessos musicais intermediados por intervenções do apresentador. Com as redes sociais, o talk show no New Rádio ganha uma dimensão muito maior. Alcança audiência de todas as idades, principalmente os jovens. Compete especialmente com o podcast.

O que você precisa saber sobre o talk show no New Rádio:

- O talk show pode ter alcance local, nacional ou internacional, graças à web.
- É uma das formas mais populares no New Rádio.
- Descubra o que a sua audiência quer e atenda às suas expectativas.
- A audiência é curiosa e busca constantemente por temas novos.

- Seja um bom contador de histórias.
- As redes sociais possibilitam uma interatividade intensa com os seguidores-ouvintes, que desejam ter suas opiniões consideradas no programa.
- A experiência pessoal do apresentador é um forte atrativo para a audiência.
- Lembre-se de que, por mais talentoso que você seja, é preciso ter competência na comunicação e estar atento para ver e ouvir.
- Nem tudo o que você gosta é o que a sua audiência gosta.
- A audiência espera que o programa apoie e desafie suas crenças ao mesmo tempo.
- Entretenha informando e informe entretendo a sua audiência.
- Um monólogo na abertura é um momento crucial para capturar a atenção da audiência.
- Desenvolva habilidades para capturar a audiência de forma gradual, como um pescador fisga um peixe.
- Se um tema não lhe comove ou interessa, por que motivaria a sua audiência?
- Não se apoie em apenas um único argumento para expor seu pensamento. Busque sempre acrescentar mais ao que tem a dizer.
- Tente descobrir o que seu público está fazendo enquanto ouve o programa em uma plataforma digital.
- Compartilhe suas experiências pessoais, sejam estas alegres ou tristes, no momento adequado.
- Mantenha o foco no tema escolhido para o programa e questione-se sobre sua relevância para o público.
- Lembre-se de que uma de suas missões é fidelizar a audiência.
- Dê sua opinião livremente, mas esteja ciente da instantaneidade das redes sociais, incluindo o chat.
- Evite discussões com o público. Leia críticas, abra espaço para outras opiniões e pontos de vista diferentes dos seus.

- ***"Segure o ego. Seja humilde", enfatiza Dona Juventina.***
- Evite ser chato ou monótono, seja dinâmico e diversificado.
- Lembre-se de que seu programa é fundamentalmente pessoal, é a sua maneira de ser.
- Fale com uma só pessoa, evite discursos para grandes multidões, como fazem os políticos.
- As participações nas plataformas abertas aos ouvintes não representam necessariamente a audiência desejada. Verifique o número de seguidores na página da web.
- Ria de si mesmo.

Você conhece o The Noite, apresentado por Danilo Gentili?

O The Noite é um talk show apresentado por Danilo Gentili e vai ao ar de segunda a sexta nas madrugadas do SBT. Claro que não está restrito apenas ao SBT, mas também está disponível no YouTube. Sua principal característica são as altas doses de humor no programa. Assim como muitos outros talk shows, reconhecemos que é um programa do New Rádio.

Lembra do Jô Soares? Era retransmitido na rádio CBN. E por que isso acontecia? A imagem é apenas um segundo recurso. Você não depende dela para entender ou assimilar o conteúdo. O talk show é primordialmente auditivo. E isso acontece com outros programas também. Sabe o programa da Ana Maria Braga? O público em casa pode acompanhar o programa, ir fazendo suas receitas, sem olhar para a tela. ***"Eu vou ouvindo e executando cada passo", diz a Dona Juventina.***

Um dos grandes diferenciais do The Noite é a sua presença no YouTube, que até a data da publicação deste livro já contava com mais de 11 milhões de inscritos no canal. Além disso, a conta pessoal do Danilo Gentili no Instagram já ultrapassa os 10 milhões de seguidores. ***"Cabe tudo isso lá dentro?", duvida Dona Juventina.***

Nós entrevistamos o apresentador e fizemos algumas perguntas para ele, que você pode conferir a seguir:

Entrevista

Alguma vez já te falaram que o The Noite é um programa de rádio?

Gentili: *O talk show é feito de "talk" e de "show". A parte do "talk" é perfeitamente um programa de rádio, onde o apresentador é um anfitrião que conversa com o seu convidado em sua sala. Como estamos na TV, colocamos sempre ações visuais e nunca esquecemos que a visão, diferente do áudio, também está envolvida no formato.*

Em uma das entrevistas em que Danilo Gentili participou, ele afirmou que, durante a mudança para o SBT, não negociou apenas o salário, mas também a liberdade. *"Eu queria que o The Noite fosse para o YouTube"*, afirmou o apresentador.

Foto: Lourival Ribeiro

Por que era importante para você que o The Noite estivesse disponível no YouTube?

Gentili: *Para o programa estar acessível para mais pessoas em horários diferentes e também porque a internet é um grande arquivo da nossa história. Tudo fica disponível e armazenado ali.*

Vale ressaltar que muitas pessoas hoje não têm tempo hábil para assistir ao seu programa favorito no horário estipulado por uma emissora. A Anne, esposa do Vítolo, que acompanha o The Noite, acessa apenas pelo YouTube. Eles se casaram em 2011 e, por questões de custo, nunca instalaram uma assinatura de TV a cabo. Eles "vivem" do YouTube e das plataformas de streaming.

A estreia de Danilo Gentili como apresentador de talk show ocorreu em 2011 com o programa chamado Agora é Tarde, na Band. Em 2014, ele se transferiu para o SBT e estreou o The Noite. Com tanto tempo no ar, o apresentador certamente acumulou muita experiência para compartilhar.

> **Quais os maiores desafios de um talk show?**
>
> **Gentili:** *Manter o frescor diário das conversas mesmo depois de tanto tempo no ar e continuar sendo uma presença amiga na casa das pessoas todas as noites.*

Heródoto Barbeiro também acumula muita experiência com entrevistas. Já o Fernando Vítolo está nessa caminhada desde 2021. ***"Será que o Danilo tem algumas dicas pro Fernando?", pergunta a sarcástica Dona Juventina.***

> **Pode dar uma dica para quem está produzindo e apresentando um talk show?**
>
> **Gentili:** *Sejam autênticos, não imitem ninguém. As pessoas não gostam de ser enganadas. E também não tente ser mais esperto que o seu convidado. Seja um bom anfitrião e faça todos gostarem de frequentar a sua casa.*

De acordo com o "Na Telinha" do portal UOL, em uma matéria divulgada em maio de 2023, o The Noite é o terceiro maior talk show do mundo em atividade. Em termos de números, fica atrás apenas do The Tonight Show, apresentado por Jimmy Fallon, e do Jimmy Kimmel Live, superando nomes como Seth Meyers, John Oliver e Stephen Colbert.

Vale ressaltar o uso de outras plataformas que a emissora e o apresentador utilizam para ampliar ainda mais o alcance do conteúdo, como a publicação de cortes e vídeos curtos no YouTube, além de fotos dos convidados e trechos dos melhores momentos nas redes sociais, como Instagram, TikTok, Facebook e X (antigo Twitter). O programa é verdadeiramente multiplataforma, destacando-se como uma das principais características do New Rádio.

LEIA O QR CODE PARA TER ACESSO AOS DEPOIMENTOS.

ÁLBUM DE FIGURINHAS - PARTE 4

ÉRICO SAN JUAN

Caricaturista, designer e radialista.

FÁBIO OLIVEIRA

Jornalista.

FÁBIO ZAMANA SANTOS

Jornalista e radialista.

FELIPE SANTOS

Jornalista e professor universitário.

FERNANDO MARIANO

Radialista e professor universitário.

FERNANDO MARTINS

Jornalista.

FERNANDO MORGADO

Biógrafo de Silvio Santos.

FILOMENA SALEMME

Jornalista e professora universitária.

FRANCISCO AIELLO

Jornalista e professor universitário.

CHAME O VAR

Como já dissemos, uma das fórmulas para conquistar e manter a audiência é ter boas entrevistas engatilhadas. Não se esqueça de que a competição com outras mídias nunca foi tão acirrada como agora, especialmente aquelas que navegam nas plataformas digitais, como o podcast. Anote mais algumas orientações para obter um bom resultado nas entrevistas, responsáveis por prender a atenção do público. Mesmo que sejam realizadas ao vivo no FM, YouTube, Instagram, TikTok, elas podem estar disponíveis no site, à espera de alguém que busca uma informação relevante contida nelas.

Aqui vão mais algumas orientações sobre entrevistas

É preciso prestar atenção nas respostas do entrevistado e estar aberto para explorar novos temas que não foram previamente pautados.

O entrevistador geralmente treina todos os dias, ao contrário do entrevistado. No entanto, isso não significa que o entrevistador sempre tem o controle da entrevista. Na maioria das vezes, sim, mas existem entrevistados bem preparados e treinados que conseguem surpreender o entrevistador.

As perguntas devem ter um tamanho adequado, não muito curtas nem muito longas. O ideal é que sejam claras e contenham exatamente o que a audiência deseja saber. Cabe ao entrevistador encontrar o equilíbrio e formular as perguntas de forma precisa e direta.

É preciso ficar atento, pois uma entrevista pode se transformar em um debate acalorado. Uma troca de afirmações ríspidas entre os participantes pode intensificar o clima do ambiente. O desfecho da entrevista torna-se imprevisível, pois cada um buscará impor o seu ponto de vista. No entanto, é importante questionar se essa é realmente a expectativa do público. ***"Preste atenção", proclama Dona Juventina.***

A dinâmica tradicional da entrevista segue um padrão de pergunta e resposta, alternando entre o entrevistador e o entrevistado. Desviar dessa fórmula pode acarretar o risco de perder a fonte, que pode se recusar a conceder novas entrevistas. No entanto, é importante buscar um equilíbrio entre seguir essa estrutura e promover interações mais espontâneas e enriquecedoras para o público.

Não se deve omitir um rápido currículo do convidado, mas sempre se deve garantir que caiba em cerca de 20 segundos. ***"Deixe a longa carreira do entrevistado para pôr no site, onde vai estar à disposição do respeitável público", lembra Dona Juventina.*** Para ela, o melhor entrevistador de todos os tempos é o Silvio Santos, e ela até sabe cantar: ***"Doutor, eu não me engano, meu coração é corinthiano"***. A cantoria segue sob protestos das torcidas de outros times.

As entrevistas vão bem tanto no noticiário como no talk show. Atualizam as informações, formam opiniões e distraem. Lembre-se do Jô Soares.

"Esta é a minha vida", só se for uma atração do programa. Fora disso, é preciso que o ego do entrevistado não fuja do seu controle e se torne um relato chato e desesperador. Geralmente, esse tipo de entrevistado já sai de casa com as respostas prontas. Não importa o que você vai perguntar, o que vale é o que vou dizer. Se isso acontecer, chame o VAR.

RECADINHOS PARA OS ENTREVISTADOS

Já sabemos que entrevistas são os principais atrativos da comunicação auditiva, o New Rádio. Por isso, Dona Juventina quer que nós listemos aqui algumas orientações para os convidados. Para mais informações, procure conhecer a obra "Mídia Training", citada no final deste livro.

Orientações dos autores:

- Seja disponível para conceder entrevistas, pensando na importância da sua carreira ou na contribuição que pode oferecer à comunidade.
- Se for autor de um livro, evite repetir constantemente o nome da obra e onde pode ser adquirida.
- Esqueça que está falando para uma multidão e aja como se estivesse tendo uma conversa com uma pessoa.

Confira as orientações do escritor e professor de oratória Reinaldo Polito para os entrevistados.

- Tente relaxar antes de falar e seja você mesmo. A comunicação auditiva é pessoal e íntima.
- ***"Não tenha medo do entrevistador", acrescenta dona Juventina.***
- Cuidado com as palavras. Evite verborragia, mas também não seja demasiadamente lacônico. ***"Ops... pesquise no Google".***
- Mantenha o foco no assunto combinado. Se não tem nada relevante a dizer sobre o tema em questão, é melhor abrir mão do convite para a entrevista. Aparecer apenas por aparecer pode trazer mais prejuízos do que benefícios. ***"Vale a pena arriscar?", adverte a velha senhora.***
- Desligue o celular.
- Se estiver no estúdio, evite levar uma mala de papéis e anotações. Utilize o seu smartphone para fazer anotações, se necessário.
- Se estiver em uma entrevista ao vivo, lembre-se de que não há intervalo e não é possível voltar atrás no que já foi dito. Tudo o que você fala fica registrado.
- Ouça com atenção as perguntas. Não seja impaciente. Não atropele o entrevistador.

ESCREVER PARA OUVIR

Os textos que serão lidos devem ser claros, concisos e fáceis de entender. Eles diferem dos textos escritos para serem lidos em sites ou em outras plataformas. Os ouvintes têm apenas uma oportunidade para compreender o que foi divulgado. No caso dos textos escritos, podem ser lidos, relidos e consultados. Geralmente contêm muitos detalhes, siglas e palavras mais sofisticadas. Se o ouvinte não compreender o significado, ele pode buscar uma definição no smartphone. No entanto, o ouvinte raramente tem essa oportunidade.

Aqui vão algumas orientações essenciais:

- Escreva o texto, leia-o em voz alta e avalie se a informação está clara.
- Deixe de lado os exageros e as expressões pretensiosas em seus textos. Isso não significa que deva utilizar palavras vulgares, ofensivas ou sem conteúdo. Essas não devem ser usadas.
- Direcione sua comunicação para o público-alvo, considerando o nível cultural médio da audiência. Escreva de forma simples e acessível, como se estivesse enviando um bilhete diretamente para eles.
- Cuidado ao utilizar apostos, pois eles podem dispersar a atenção do ouvinte.
- Se você utilizar uma sigla, certifique-se de explicar imediatamente o seu significado. Normalmente, apenas as siglas mais relevantes para a vida cotidiana são identificadas.
- Nas chamadas de reportagens, evite repetir o que o repórter vai dizer. Não antecipe a informação antes do repórter apresentá-la. Permita que ele narre a notícia.
- Lembre-se de que o New Rádio, mais do que nunca, se baseia na instantaneidade.
- Os textos devem contar uma história, ou seja, devem ter começo, meio e fim.
- Comece o texto com um *lead*, que é o instrumento essencial para capturar a atenção do ouvinte. Se não ganhar logo na primeira frase, dificilmente conseguirá na segunda. Procure a novidade, o fato que vai impactar o público.
- O texto deve ter uma ordem direta, ou seja, sujeito, verbo e complemento. Os verbos devem estar na voz ativa. Evite a voz passiva sempre que possível.

- Frases devem ser curtas, pois frases longas são mais difíceis de ler e podem dispersar a atenção do leitor.
- Evite usar o "não" no lead, pois se um fato não aconteceu, por que o ouvinte deveria continuar ouvindo?
- A gíria pode tornar o texto mais coloquial, atrativo e simpático. No entanto, é importante lembrar que tudo em excesso pode ser prejudicial, como afirmou Paracelso: "Nada é veneno, tudo é veneno, depende da quantidade".
- Não hesite em repetir a palavra "ônibus" se for necessário. É preferível usar termos mais específicos do que generalizações, como "coletivo". Da mesma forma, é melhor usar "médico" em vez de "profissional da saúde" e "Europa" em vez de "Velho Continente" e assim por diante.
- Avalie cuidadosamente a colocação dos pronomes possessivos para garantir que eles se refiram à pessoa correta, mesmo que não seja o sujeito da notícia.
- Se aparecer um gerúndio, abata-o.
- Palavras que devem ser pronunciadas com ênfase podem ser grafadas em negrito ou sublinhadas.
- Prefira o presente do indicativo e o futuro composto quando se referir a algo que vai acontecer.
- Como redigir os nomes estrangeiros? Quem decide é o público. Portanto, a capital da Argentina tem o nome espanhol de Buenos Aires. A capital dos Estados Unidos é Washington, em inglês. Não tente escrever o nome do filósofo francês como Russô, e sim Rousseau. E assim por diante. Decida se vai dizer que a capital da China é Pequim ou Beijing, e Xangai é Shang-hai. Use o bom senso e leve em consideração a preferência do público.
- Simplifique o texto sempre que possível, desde que não prejudique a compreensão da história. Por exemplo, em vez de dizer "o juiz titular da primeira vara da fazenda estadual de Minas Gerais decidiu", pode-se utilizar "a Justiça Mineira decidiu".
- Agilidade do veículo é uma coisa. Textos mal redigidos são outra coisa.

Para encerrar, veja os recados de George Orwell, aquele de "A Revolução dos Bichos":

- NÃO use metáfora e outras figuras de linguagem no texto a ser irradiado, deixe para o jornalismo impresso nos bits e bytes.
- NÃO use uma palavra longa se pode usar uma curta (cidade em vez de metrópole).
- NÃO use a voz passiva se pode usar a voz ativa.
- NÃO use palavras estrangeiras, técnicas, científicas ou jargões do juridiquês, mediquês etc. Traduza.

AS LETRINHAS NA TELINHA

"Detalhes importam, vale a pena esperar e fazê-los direito."

Steve Jobs

O modelo ficou conhecido mundialmente através da CNN, um canal da TV a cabo. Aparentemente, nada tem a ver com o rádio. ***"Apoiado", se exalta Dona Juventina.*** O canal ficou mundialmente conhecido a ponto de ter influenciado a rede CBN. Durante a guerra contra o ditador iraquiano Saddam Hussein, ela era a única emissora ocidental em Bagdá.

O grupo estava pronto com o equipamento para mostrar as imagens da guerra. Os aviões americanos começaram a atacar a cidade e houve um imediato *blackout*. Tudo ficou escuro. O repórter passou a narrar tudo o que via, mesmo no escuro! De repente, a CNN se tornou rádio! O repórter Peter Arnett permaneceu no ar durante todo o ataque e o mundo dependia de suas informações, era puro áudio. Puro rádio.

A mesma emissora difundiu outras informações na tela, além de imagem e áudio. ***"As letrinhas no pé da telinha", como diz Dona Juventina.*** O texto, ou lettering, mostrava a hora o local, a flutuação das bolsas de valores mundiais e um resumo das notícias mais importantes do momento.

O New Rádio, transmitido também pelo YouTube, emite diversas informações. O canal principal é o áudio, porém alguns canais de YouTube têm uma grande audiência, especialmente em programas mais polêmicos. Portanto, é uma ferramenta que não se pode abrir mão.

Uma forma diferenciada é reservar o lettering para a prestação de serviços, um dos desejos mais evidentes do público-alvo. Assim, apesar dessas notícias serem apresentadas de tempos em tempos, não é suficiente para satisfazer o público. Ele precisa dessas informações para o seu dia a dia, e o New Rádio resolve o problema. Para isso, utiliza o lettering.

A cada instante circulam informações de trânsito, estradas, tempo e temperatura, aeroportos, rodízio de placas de carros, prazos para pagamentos das contas do dia a dia, e assim por diante.

"Como as letrinhas são muito miudinhas, eu não consigo nem ler", diz a Dona Juventina de pince nez.

O conteúdo do lettering pode se tornar um diferencial competitivo, ao se diferenciar dos modelos que são comuns em transmissões de televisão aberta, fechada ou em transmissões no YouTube.

ADAPTE-SE OU MORRA: A EDIÇÃO

Trabalhar, produzir, apresentar, escrever, pautar, checar e buscar fontes são características do New Rádio. Todos os envolvidos devem se capacitar para produzir o conteúdo necessário para a programação. Aqueles que não possuem essas habilidades precisam estudar, ler, praticar e aprender. Ou...

Como nosso livro é recheado de orientações, aqui vão mais algumas:

- A edição de conteúdo permeia toda a programação. É possível construir uma história com texto e áudios de entrevistados. Tudo com começo, meio e fim, é claro.
- As edições devem ser enxutas, ricas em conteúdo e didáticas. Lembre-se de que o público está disposto a ouvir a história ou a reportagem apresentada.
- Ao construir a história, é preciso ficar atento para não retirar os depoimentos do seu contexto, pois isso pode deturpar a fala do entrevistado.
- As sonoras devem ter o tamanho exato do seu conteúdo, nem mais, nem menos. Porém, se forem curtas, melhor ainda.

Confira o depoimento de Rodrigo Neves.

- O material para construir uma história pode ser coletado a partir de todos os depoimentos concedidos à emissora ou canal. Se for obtido de outra fonte, é importante fornecer os devidos créditos, mesmo que seja na Voz do Brasil.
- Os depoimentos podem ter diferentes naturezas, como opinativos, explicativos e interpretativos. No entanto, é fundamental evitar que se tornem chatos. Durante a edição, é importante ter cuidado para não interromper um pensamento pela metade ou transmitir essa impressão. ***"Pode parecer censura, meu filho", completa a velhota.***
- Não repita no lead o que o personagem vai dizer. Não quebre a surpresa ou a contundência do que será dito.
- Uma edição só termina quando termina, como diria o Velho Guerreiro, o Chacrinha. Portanto, ela pode e deve ser modificada se novos acontecimentos forem registrados. Em alguns casos, é necessário reconstruir toda a história a partir do zero. Evite ser indolente e simplesmente adicionar uma nota de rodapé quando uma reconstrução completa for necessária.
- A recontagem da história, ou a apresentação de múltiplas versões, não diminui a credibilidade nem do apresentador nem do veículo, seja em que plataforma for. Pelo contrário, ela ajuda a evitar a mera repetição literal dos fatos noticiados. Isso se torna um atrativo para a audiência, que busca diversidade e análises mais aprofundadas. Ao oferecer diferentes perspectivas e interpretações dos acontecimentos, é possível conquistar *likes* e inscrições, mantendo-se relevante diante da concorrência.
- Não esqueça que a competição nesta era das redes sociais é muito maior. Perder audiência é questão de segundos, enquanto conquistar um novo ouvinte leva um pouco mais de tempo. Com fontes de notícias por toda parte, é essencial fazer a diferença. Busque o inédito, vá além do óbvio. Acumule credibilidade ao longo do tempo e construa uma marca forte e confiável.
- A edição deve contribuir para uma apresentação curta, contundente, ágil e interessante. Fora disso, não há vida... apenas manuais citados no final do livro.

ESPORTE, O BRASIL EM CHUTEIRAS?

As chuteiras deram lugar aos mais sofisticados calçados para a prática do futebol e de outros esportes, é claro. As logomarcas famosas estão presentes nas camisas, camisetas, calções, calçados, bonés, agasalhos e até mesmo no painel atrás dos entrevistados. Tudo respira a marca que patrocina o esporte. A era do esporte amador acabou logo depois que os gregos usavam os jogos para impor a soberania de sua cidade no estado.

Hoje, a pátria está nas redes sociais. Milhões de comentaristas, técnicos amadores, conhecedores da história do esporte e outras pessoas postam, publicam, opinam e interpretam em uma quantidade infinita de canais em todas as plataformas. Os memes estão presentes e trazem um ar de descontração e riso graças à criatividade solta. Imagine se o Show de Rádio, que fez tanto sucesso no passado, contasse com as redes sociais...

Os talk shows esportivos têm grande sucesso nas plataformas digitais, sendo verdadeiras mesas redondas repletas de opiniões e descontração. O áudio lidera a informação na maioria das vezes, exceto quando a imagem é mostrada para discutir um acontecimento específico. Portanto, é uma área aberta para o New Rádio.

Orientações para os programas esportivos:

- Conheça as regras e regulamentos do esporte em foco.
- Fazer as mesmas e velhas perguntas ao atleta é desencorajado, pois pode resultar na perda de audiência.
- Repetir as mesmas respostas, idem.
- Não é necessário falar, relatar, apresentar, comentar ou informar com um timbre de voz uma oitava acima. Deixe isso para uma ópera-bufa.
- Explique para o público ouvinte os termos técnicos utilizados pelos médicos ao relatar uma lesão. Pergunte ao "facultativo" do clube ou da federação, o que significa. Se não der, dá um Google no Hipócrates.
- Antes de narrar uma competição esportiva, vista as sandálias da humildade, como dizia o costureiro Clodovil. Pergunte como se pronuncia o nome do atleta. O improviso pode te levar ao ridículo, a não ser que sejam Mané, Pelé, Ester, Ayrton, Guga...
- Não se deve invadir a intimidade do atleta, a menos que esteja envolvido em um ato antissocial ou ilegal. Assim como qualquer cidadão, ele não está acima da lei. Por exemplo, se um jogador for acusado de estupro na Itália, isso deixa de ser um assunto pessoal e passa a ser tratado pelo Código Penal.

- A competição nas várias plataformas, tanto em termos de qualidade quanto de quantidade, é intensa. Para se destacar nesse ambiente, é necessário oferecer algo diferente e emocionalmente envolvente, mas sempre com cuidado para não cair na pieguice, desrespeito ou no besteirol. Esses elementos não cativam a audiência, pelo contrário, afastam. Assim como em outros temas abordados no New Rádio, os participantes, jornalistas ou não, devem estar preparados para desempenhar várias funções e serem capazes de improvisar. O modelo do "plantão esportivo" já não é mais relevante. Agora, todos devem apurar, escrever, editar, pautar, apresentar e coordenar, inclusive na cobertura esportiva.
- Os jogos de futebol têm um grande destaque nas múltiplas plataformas, especialmente aquelas que privilegiam o áudio. Sabemos que a audição é essencial para acompanhar o desenrolar do jogo até que tenhamos acesso ao vídeo. A partir desse momento, a imagem se torna mais importante. Nas transmissões de áudio, os comentaristas esportivos falam menos, pois muitas vezes é evidente o que está acontecendo, como quando a bola sai pela linha de fundo, indicando escanteio ou tiro de meta.
- Esporte é, sem dúvida, um negócio que envolve investimento, marcas, faturamento e remuneração dos acionistas, entre outros aspectos econômicos. É impossível ocultar as marcas presentes nos uniformes esportivos, pois elas são visíveis nas imagens de qualquer maneira. Portanto, por que omiti-las nas narrações?
- O ditado de que "uma imagem vale mais do que mil palavras" continua válido. Nas reportagens esportivas em andamento, é melhor acrescentar informações, estatísticas, casos curiosos, histórias do esporte, rankings de atletas e países campeões, em vez de preencher o vazio com palavras desnecessárias apenas para evitar o silêncio.
- A instantaneidade e a imaginação são poderosas ferramentas do New Rádio, e seu ponto de partida é o resultado da compe-

tição esportiva. Quanto está o jogo? Quanto falta para terminar? Qual o resultado de outras partidas? O árbitro, que também atende pelo codinome de juiz, marcou ou não o pênalti contra o time do coração do ouvinte? Falaram da família dele?

- Deixe as adivinhações do resultado para o gato Faísca, discípulo da saudosa Mãe Diná.
- Descontração nos programas esportivos, sim! Piadas com colegas de trabalho, que o público não sabe do que se trata, não!
- Não há necessidade do uso de expressões chulas nem agressivas. Falar palavrão só para ser diferente, como dizia o sábio Vicente Matheus, "é uma faca de dois legumes". Menas... menas...
- Não minta para a audiência. Se está narrando fora do local da competição, não diga que está lá. Tudo bem usar um background com som de torcedores, dá mais brilho, mexe com a imaginação do público. Contudo, não esconda de onde vêm as informações que são ditas ao vivo no programa.
- As reportagens esportivas, narrações e ações em campo ganham novos contornos com a galera apoiada nas redes sociais. Sabem tirar proveito de todas as plataformas, acompanham chats, leem mensagens de ouvintes e utilizam outras ferramentas disponíveis. Procure inovar, já que os modelos anteriores estão na história do rádio, no passado. Aqui vai nossa homenagem a Osmar, Joseval, Fiori, Antonio Carlos, Oswaldo, Ari...

ONDE ENTRAM OS E-SPORTS NO NEW RÁDIO?

E-sports, ou esportes eletrônicos, são competições de jogos de videogame realizadas em um ambiente competitivo profissional. Nesses eventos, os jogadores profissionais ou equipes competem entre si em jogos eletrônicos populares.

Os e-sports são organizados em torneios e ligas, com premiações em dinheiro e patrocínio de marcas. Os jogadores profissionais dedicam tempo e esforço para aprimorar suas habilidades e estratégias de jogo, assim como acontece em outros esportes tradicionais.

No Brasil, o mercado de e-sports vem crescendo rapidamente. De acordo com um relatório da Newzoo, empresa de análise de mercado de jogos, em 2020 o mercado brasileiro de e-sports movimentou cerca de US$ 113 milhões. Esse valor inclui receitas provenientes de patrocínios, direitos de transmissão, ingressos para eventos, publicidade e outras fontes relacionadas aos e-sports.

Em relação ao mercado global, estima-se que o valor total movimentado pelos e-sports tenha alcançado cerca de US$ 1,1 bilhão em 2020. Esse valor engloba várias fontes de receita, como patrocínios, direitos de transmissão, publicidade, merchandising, vendas de ingressos e premiações em torneios.

Com base na popularidade e no rápido crescimento dos e-sports, há um debate em curso sobre a sua classificação como esportes. A ministra do esporte, Ana Moser, expressou sua opinião afirmando que os e-sports são considerados um produto fora do âmbito esportivo. Embora os e-sports estejam causando um impacto no mercado dos esportes tradicionais, é essencial reconhecer que ambos têm seu espaço e características únicas.

O e-sports tem encontrado seu espaço no âmbito do New Rádio, especialmente na locução esportiva. Os campeonatos de e-sports são transmitidos para o mundo todo, com narração esportiva. O estilo narrativo é muito semelhante, diferindo apenas nos conceitos técnicos de cada partida ou jogo. É comparável à diferença entre narrar um jogo de futebol e um jogo de vôlei, situações em que a dinâmica e os termos são distintos.

No entanto, é importante destacar que, para uma comunicação auditiva, o narrador precisa descrever de forma eficaz as cenas para

Confira o depoimento do narrador esportivo Fefux Ribeiro.

envolver a mente do ouvinte, mesmo que não haja o aspecto visual disponível. A audiência pode estar trabalhando ou realizando outras atividades enquanto ouve a transmissão da partida.

O mercado de e-sports está em expansão e oferece diversas oportunidades a serem exploradas, especialmente no contexto do New Rádio. O formato do rádio permite que os narradores esportivos aproveitem as particularidades do e-sports para criar experiências imersivas para os ouvintes. Com a habilidade de descrever as ações e os eventos em detalhes, os narradores podem transmitir a emoção e a intensidade das partidas, tornando a experiência auditiva do e-sports atraente para os fãs.

AS EMPRESAS DO NEW RÁDIO

As New Rádio são empresas espalhadas por todo o mundo graças ao alcance da internet. Com o avanço do sistema, todos os cantos do planeta podem sediar uma New Rádio, e as empresas podem ser públicas ou privadas.

Empresas públicas

- Não se confundem com empresas estatais. Estas dependem de decisões políticas de quem está no poder e sofrem manipulações.
- Na New Rádio pública, há um conselho eleito pela comunidade para participar, sugerir mudanças e fiscalizar a isenção do conteúdo.
- Dedicam-se à propagação de entretenimento e informação, geralmente na língua local e em várias outras.
- São conhecidas pela qualidade da programação e pela excelência da produção. Algumas das mais conhecidas são a BBC, PBS, NHK e Deutsche Welle.
- A principal característica das New Rádios é o comprometimento com o interesse público, levando em consideração tanto a audiência composta por cidadãos quanto pelos financiadores.

- Embora as New Rádios possam veicular publicidade, esta não é a sua principal fonte de recursos. Elas recebem verbas públicas, e a transparência em relação à origem do financiamento é fundamental para prestar contas à sociedade e manter a credibilidade.
- Sem autonomia econômica e financeira, não é possível manter uma New Rádio pública. A independência financeira é essencial para garantir a liberdade editorial e a qualidade da programação, sem influências externas que possam comprometer o interesse público.

Empresas privadas

- Vivem no universo capitalista que tomou conta das redes sociais.
- Vendem audiência conferida por meio de várias ferramentas de averiguação, como os *likes* e o tempo de permanência no espaço da empresa.
- Há uma segmentação dinâmica, e muitas empresas são conhecidas pelo conteúdo específico ao qual se destinam, que vai do Rap ao agronegócio, da meteorologia aos congressos corporativos.

LEIA O QR CODE PARA TER ACESSO AOS DEPOIMENTOS.

ÁLBUM DE FIGURINHAS - PARTE 5

GUILHERME BRYAN

Jornalista e professor universitário.

HAISEM ABAKI

Apresentador da Rádio Eldorado.

IZANI MUSTAFÁ

Jornalista e professora universitária.

JAIR DUPRÁ

Jornalista e radialista.

JOÃO LARA MESQUITA

Músico, jornalista e ex-diretor da Rádio Eldorado.

JORGE VINÍCIUS

Jornalista e narrador esportivo.

JOSÉ ABRÃO FILHO

Administrador da Antena 1 Sorocaba.

JOSÉ ALVES TRIGO

Jornalista e professor universitário.

JOSÉ ARBEX JR

Jornalista e professor universitário.

CAPÍTULO 5

JORNALISMO

- A REDAÇÃO DOS TEMPOS ATUAIS
- INFORMAÇÃO E NOTÍCIA
- A FÁBRICA DE NOTÍCIAS
- A PRAGA DAS FAKE NEWS
- O JORNALISMO E SUA NECESSIDADE
- ÁLBUM DE FIGURINHAS – PARTE 6

A REDAÇÃO DOS TEMPOS ATUAIS

"Os livros não estão morrendo, estão apenas se tornando digitais."

Jeff Bezos

As mudanças impostas pelas novas tecnologias digitais afetam também as redações de forma geral. A facilidade de obter informações e a transferência dos investimentos publicitários para as redes sociais moldam as novas redações. O New Rádio se adapta a essa realidade, e a quantidade de profissionais diminuiu significativamente. Aqueles que estão dispostos a enfrentar essa mudança precisam se preparar, treinar e liderar o processo de produção de conteúdo.

O quanto mudou o jornalismo nos últimos 30 anos?

Os programas baseados em informação são divididos em *talk shows* e noticiários. Ambos são de responsabilidade da programação e do jornalismo, que trabalham em conjunto na produção desses programas.

O *talk show* tem a personalidade do apresentador e o apoio da redação. Geralmente são opinativos, descontraídos e abordam um leque maior de temas. Não estão necessariamente restritos ao *hard news*.

Apresentam entrevistas também na área artística e cultural, além de tocar músicas que ilustram o assunto. A participação do público é desejável e pode ocorrer por várias plataformas digitais, incluindo áudio, vídeo e texto. Debates e a busca pelo entendimento das razões por trás dos acontecimentos, bem como a avaliação dos conteúdos apresentados, são objetivos do *talkradio*.

Vencer a concorrência hoje presente nas redes sociais, fidelizar a atual audiência, conquistar novos seguidores, acumular curtidas e inscrições nos canais de YouTube e aproveitar a instantaneidade dos fatos são elementos-chave para o sucesso do programa.

Humor é indispensável, de bom gosto, é claro. Ironia e associações que estimulem a imaginação da audiência, além de surpreender o público com notícias e entrevistas relevantes. O que não for relevante pode levar o público a buscar outro comunicador.

É absolutamente desnecessário exibir erudição, pois isso pode subestimar a audiência. O caminho é explicar, explicar e explicar. E quando não souber...

Não se esqueça de que o público tem à sua disposição uma ampla variedade de fontes para se informar, entreter, sorrir e obter serviços. A hora é exibida em vários dispositivos eletrônicos, como smartphones e relógios de pulso. No entanto, o apresentador não deve deixar de informar a hora sempre que possível.

O programa não termina quando chega ao fim, como costumava dizer o Velho Guerreiro, Chacrinha. Os envolvidos devem permanecer atentos e, se possível, se comunicar por meio das redes sociais sobre eventos e tópicos para o próximo dia.

Todos os envolvidos no programa, independentemente do departamento a que pertençam, podem e devem participar das reuniões de pauta e ajuste do programa às novas realidades.

Crie um arquivo aberto de pautas para o futuro, com o qual todos possam contribuir com sugestões que podem ser criadas ou recebidas por e-mail ou outras redes sociais, especialmente nos dias em que "nada acontece".

Breakingnews é o ápice do *talkradio*. A cobertura deve ser proporcional à magnitude do evento. Não há limites para buscar informações, depoimentos de vítimas, testemunhas, especialistas de diversas áreas e entrevistados que possam contribuir para a compreensão do grande acontecimento. Pode ser um terremoto, o início de uma guerra, um plano econômico ou uma turnê de uma renomada banda de rock.

Buscar a verdade a partir dos fatos: investigar e estudar os fatos com base em sua tarefa específica ou localização e fundamentar suas políticas e ações com base neles. Evite começar com suposições pré-concebidas e selecione fatos que comprovem que você está certo, ignorando aqueles que possam questionar suas conclusões. É importante adotar uma abordagem imparcial e objetiva na busca da verdade.

INFORMAÇÃO E NOTÍCIA

Todo mundo sabe que a matéria-prima da notícia é a informação. É como o minério de ferro na fabricação do aço. As informações permeiam toda a programação do New Rádio, tanto no *talknews* quanto no *allnews*. Diferentes apresentadores e âncoras se revezam nas transmissões. O que caracteriza um âncora não é dar palpite sobre tudo e todos, mas sim a sua autonomia, o que o desvincula de qualquer interesse político, econômico ou religioso.

É fundamental saber para quem se fala e onde está o público-alvo da New Rádio. No metrô, no carro, na academia?

Os bons repórteres trazem informações e notícias para todos os programas da grade. Em cada um deles, cabe uma notícia que vai impactar o público, mesmo nos programas musicais. Eles são capazes de apurar os fatos com precisão, formar convicções e detectar tendências, separando o essencial do secundário.

Para transmitir uma notícia de maneira clara, é preciso pensar de forma clara.

O consumo de informações e notícias é a base fundamental dos meios de comunicação de massa, principalmente por meio da web.

A denúncia é uma pauta sempre relevante em qualquer meio de comunicação. No entanto, mesmo nesse contexto, é importante seguir uma ética específica. É necessário realizar verificações adicionais e, mesmo assim, é preciso ter cuidado para evitar difamação, calúnia e injúria, pois tais acusações podem causar danos irreparáveis às pessoas envolvidas. Existem leis que protegem os indivíduos afetados por denúncias falsas ou sensacionalistas. ***"Estudei isso lá na faculdade de direito", diz a ex-caloura da USP, Dona Juventina.***

A tentação de fazer uma grande denúncia na New Rádio e virar celebridade é grande. Ela é um dos mais efetivos afrodisíacos, dizia o velho político Ulysses Guimarães. ***"Eu votei nele", revela Dona Juventina. "O poder é o melhor tônico, o segredo da eterna juventude", completa.***

Um temido político baiano, conhecido como Toninho Malvadeza, costumava afirmar que existem três maneiras de corromper um repórter político: dinheiro, oferta de emprego ou acesso privilegiado à informação.

Com a bola no pé e a urna na cabeça

"Pera aí, meus filhos... Esse título é de um livro publicado pela Harbra e tem o HB na coautoria", comenta Dona Juventina. Com a bola no pé é possível se fazer um bom jornalismo esportivo para permear toda a programação.

É necessário separar os interesses comerciais do jornalismo esportivo, tais como placas de anúncios nos estádios, relações com empresários de atletas, promoção de eventos esportivos, contratos de patrocínio, assessoria de imprensa de clubes e entidades esportivas, bem como os detentores dos direitos de transmissão.

Nada contra os interesses comerciais do esporte, afinal, sem eles não há espetáculo. ***"Sem bilheteria não tem show", arremata a esportista Dona Juventina.*** No mundo esportivo, vende-se de tudo, desde camisas esportivas até apartamentos. É comum enviar saudações a parceiros comerciais e até mesmo mencionar o CEO da empresa anunciante de tempos em tempos.

Também no esporte, parafraseando o filósofo Vicente Matheus, ex-presidente do Coringão: "uma coisa é uma coisa e outra coisa é outra coisa". O jornalismo não pode comprometer sua credibilidade ao ultrapassar a linha tênue entre o interesse público dos torcedores e os interesses comerciais. O papel do jornalista é fazer jornalismo, e não se tornar um mero propagandista. ***"Jornalista faz jornalismo, e não anúncios", concorda Dona Juventina.***

O jornalista pode fazer propaganda?

No esporte, assim como em qualquer outro assunto, os ingredientes essenciais são os mesmos: independência, ética, imparcialidade, humor, descontração e fidelidade na apresentação do espetáculo. Os internautas estão atentos ao comportamento dos apresentadores, comentaristas e repórteres, que atuam como intermediários entre a competição esportiva e o público.

Investigar é uma parte fundamental do trabalho jornalístico, inclusive no campo esportivo. No entanto, é importante respeitar a privacidade dos atletas e evitar invadir suas vidas pessoais, a menos que ocorra um fato público, como denúncias de comportamento inadequado flagrado pela polícia. Os jornalistas esportivos são responsáveis por processar informações e notícias, fornecendo ao público uma visão abrangente e precisa do mundo esportivo.

A FÁBRICA DE NOTÍCIAS

A reportagem causou grande comoção. Um repórter de uma pequena emissora de televisão descobriu que as barragens estavam sem fiscalização há 35 anos, representando um perigo iminente de uma catástrofe de proporções enormes. O repórter conseguiu desenvolver essa reportagem sem sair da redação, utilizando as novas tecnologias digitais para acessar os relatórios e construir uma história que teve um impacto significativo na opinião pública norte-americana.

Desde o início do século 19, a reportagem assumiu um papel central no jornalismo americano. No entanto, ninguém esperava que um repórter pudesse realizar seu trabalho sem sair às ruas, contrariando o antigo ditado de que "o lugar do repórter é na rua." O resultado dessa abordagem demonstrou que, seja na rua ou na redação, um jornalista responsável não produz notícias falsas e não acredita na primeira coisa que vê ou lê nas mídias sociais. Ele avalia cuidadosamente o conteúdo, eliminando qualquer influência de interesses comerciais, contaminação política ou ideológica, ou ativismo de qualquer espécie. O jornalista não se curva a nada além de uma apuração correta e honesta, mesmo que isso vá contra as preferências do público.

Essa postura não abre espaço para o fenômeno das chamadas *fake news*. No Brasil, levou mais tempo para que os proprietários dos veículos de comunicação tradicionais deixassem de priorizar a publicação de colunas que eram consideradas de extrema importância, como fazia o velho Assis Chateaubriand.

A função do jornalista não é criar notícias. Ele não é um pizzaiolo que produz sob encomenda, de acordo com as preferências do cliente. O jornalista tem compromissos éticos e morais. Por essa razão, as reportagens conquistaram o primeiro lugar na preferência do público, principalmente quando levam a assinatura de jornalistas que se dedicaram à apuração correta dos fatos. Priorizando a veracidade dos acontecimentos, os jornalistas ganham reputação e são admirados por sua dedicação e confiabilidade.

Ao aderir a essas diretrizes, não há espaço para notícias falsas. Não há espaço para a ideia de que "tudo é relativo." Os nomes, os endereços e as qualificações devem estar corretos. Caso ocorra algum erro, é importante corrigi-lo de maneira clara e transparente, acompanhado de desculpas pelo equívoco divulgado. O papel do repórter é relatar o que realmente aconteceu, e não o que ele acha que aconteceu.

Em outras palavras, é comum que uma investigação rigorosa vá de encontro às suposições iniciais do repórter. É importante identificar as fontes sempre que possível. Para preservar a credibilidade, o jornalista não deve acreditar cegamente no que a fonte diz sem verificar. Fazer isso seria ingênuo ou irresponsável, como aconteceu no caso emblemático da Escola Base. É esperado que múltiplos pontos de vista e diferentes aspectos de uma reportagem sejam considerados.

A maioria das *fake news* que circulam nas redes sociais não são originadas nos nichos de notícias nem na ação dos jornalistas. São produzidas não se sabe por quem e divulgadas à exaustão por uma legião que manipula um *gadget* em um restaurante ou em um vagão do metrô. O público não tem a mesma responsabilidade que tem o jornalista com as *fake news*.

Contudo, os núcleos dos partidos políticos descobriram essa "ferramenta" e a utilizam mesmo depois das últimas eleições. Há acusações de ambos os lados sobre a utilização das *fake news*, seja para apoiar o governo ou se contrapor a ele. Isso não deve ser confundido com liberdade de expressão. Mentir dolosamente e divulgar nas redes sociais não têm nada a ver com a liberdade de pensamento. São atos de pura má fé.

Não se pode esquecer que os jornalistas, em geral, aprendem rápido e não apenas se imunizam contra as *fake news*, mas também ajudam a desmentir seu conteúdo. Isso é um gesto de cidadania. Como diz o professor Michael Schudson, "o jornalismo é o primeiro rascunho da história, e não a última palavra. Mas é inimigo do orgulho, da pompa e da ignorância, e, portanto, um bom amigo do povo."

A PRAGA DAS FAKE NEWS

"Quando você inova, comete erros. O melhor a fazer é admitir eles rapidamente e passar a melhorar suas outras inovações."

Steve Jobs

Notícias falsas são tão antigas quanto a história da escrita. Remontam ao antigo Egito, quando faraós apagavam os nomes de antecessores e mandavam gravar o seus nas colunas dos templos. Ou nos relatórios dos fenícios, que queriam preservar os segredos de suas fontes de abastecimento de produtos que vendiam no Mediterrâneo.

Pergunte ao presidente Arthur Bernardes se foi ele quem escreveu as cartas atacando o exército e o marechal Hermes da Fonseca, publicadas no jornal da capital da república. Ou ao delegado que divulgou o caso da Escola Base. Há muitos outros exemplos na história e no jornalismo ao longo dos tempos. Na Europa, antes da Primeira Guerra Mundial, as "*faussesnouvelles*" eram tantas que foram rotulados de imprensa marrom ou amarela aqueles que propagavam mentiras e estimulavam o conflito.

Na guerra, a primeira vítima é a verdade. Logo, o que se divulga durante todo o conflito são puras mentiras, manipulações, versões de má fé ou narrativas distorcidas. Talvez a Guerra da Ucrânia seja o exemplo mais recente. Os russos dizem que invadiram o país vizinho para "desnazificá-lo". E assim por diante. Certamente há muitos outros casos que você conhece.

A diferença entre *fake news* e notícia falsa não se limita apenas ao idioma. Elas são qualitativamente semelhantes, mas quantitativamente diferentes. A tecnologia digital acelerou de tal forma que transformou a notícia falsa em uma *fake news*. Essas *fake news* são disseminadas pelos dispositivos eletrônicos, principalmente nos smartphones, e provêm tanto de pessoas que conhecemos como de desconhecidos.

O que fazer?

Antes de mais nada, é fundamental estar ciente da importância da dúvida. Ela é uma ferramenta essencial para o conhecimento e para preservar a credibilidade.

Será verdade?

Dona Juventina, a ombudsman deste livro, alerta que nunca contou nenhuma fofoca da vizinhança sem antes comprovar com suas fontes a veracidade. Para isso, conta com uma rede de informantes que não deixam escapar nada na estreita viela onde moram, no centro da cidade. Tudo passa pelo crivo da astuta velhota.

As marcas de comunicação não podem perder credibilidade com a publicação de *fake news*. Por isso, as mais respeitadas do mundo só publicam informações ou notícias se houver três fontes que confirmem a veracidade dos fatos.

Isso vale para o New Rádio, não importa em que plataforma seja veiculado, seja uma iniciativa empresarial ou individual. Ninguém sobrevive no jornalismo sem credibilidade.

Confira o depoimento de Ricardo Shimada, filho dos donos da Escola Base.

Sensacionalismo barato pode dar grande audiência, como já dissemos, mas é mais uma fase do voo de galinha. Sai voando alto e aterrissa na lama. Uma vez manchada, dificilmente se recupera. ***"É como consertar parede fora de prumo", diz Dona Juventina.***

A disseminação das *fake news* é uma das principais causas do fenômeno conhecido como "efeito manada." Quando todos estão compartilhando na internet, surge a pergunta: por que não nós, ou eu?

O JORNALISMO E SUA NECESSIDADE

"Qualidade é muito melhor que a quantidade. Um home run *é muito melhor que dois duplos."*

Steve Jobs

Jornalismo é jornalismo, não importa em que plataforma se propague. Isso também é válido para o New Rádio. Existe um compromisso constante com a busca da verdade, da imparcialidade e do interesse público. Com o advento das redes sociais e a participação de inúmeras novas fontes, o volume de informações cresceu de maneira significativa.

Os programas jornalísticos não precisam ser sisudos ou entediantes. Eles podem ser descontraídos, leves e simpáticos. No entanto, é importante respeitar a linha tênue entre a descontração e o humor puro e simples.

O relato de acontecimentos como enchentes, incêndios e grandes festas deve ser o mais detalhado possível, de modo a envolver a imaginação do público ouvinte. No entanto, é importante ter cuidado com os excessos verbais de narradores que se tornam verdadeiros poetas do microfone.

Jornalista é quem é capaz de transformar informações em notícias. Não tem, necessariamente, diploma. As escolas de jornalismo são importantes na formação de profissionais, o diploma, segundo a lei, não é. Conhecidos jornalistas de várias plataformas não cursaram a faculdade.

O público, munido de seus *gadgets*, tem a capacidade de gravar, filmar, fotografar, editar e compartilhar conteúdo em escala global. Se eles souberem transformar informações em notícias, podem ser considerados jornalistas. Graças às novas tecnologias, o conteúdo pode ser divulgado sem limites. Cabe ao público escolher quais fontes informativas desejam seguir. O fator primordial nesse processo é o reconhecimento da credibilidade.

Os canais do New Rádio também se distinguem pela marca que ostentam. Muitos são reconhecidos pela sua credibilidade acumulada ao longo do tempo.

A força da comunicação por áudio, o New Rádio, tem como base a transmissão de som. Esse é o seu principal atributo. O vídeo e outros recursos complementam a informação, mas não são essenciais. O público geralmente se dedica ao sentido da audição para receber notícias e outros programas, enquanto está envolvido em outras atividades simultaneamente, como dirigir, fazer trabalhos manuais ou atender consumidores no comércio, entre outras.

É preciso conhecer o público-alvo, seus hábitos, sua condição econômica e social, suas características, aspirações e o que estão fazendo no momento em que são impactados pelo noticiário.

Pela manhã, o noticiário é uma ferramenta necessária para quem acorda cedo e busca um resumo das principais notícias, informações sobre clima, funcionamento do transporte público e possíveis congestionamentos. É importante repetir a hora e a temperatura com frequência, porém sem incomodar o ouvinte. Nesse momento do dia, mesmo que o público esteja envolvido em atividades domésticas, ele está disponível para receber informações por meio da audição.

Não abuse da paciência do público. O tamanho e a quantidade de palavras devem respeitar a importância e o contexto da notícia. Evite tanto a verborragia quanto o laconismo excessivo. É importante encontrar um equilíbrio na transmissão da informação.

Seja objetivo.

Lembre-se de que uma notícia deve responder às perguntas fundamentais: quem, quando, como, onde e por quê.

Todos os envolvidos na apuração de notícias devem estar treinados para falar ao microfone, independentemente de seu gênero. Isso inclui redatores, editores, apuradores, produtores, repórteres e locutores. Não é necessário ter uma voz potente, mas sim ser compreensível pelo público.

Não se preocupe se alguns sons vazarem durante a transmissão. Eles fazem parte do ambiente que está sendo transmitido. Se estiver ao ar livre, é natural que haja buzinas, barulho do trânsito, vozes de vendedores ambulantes, entre outros. Se estiver em um estúdio, é possível que se ouçam os sons dos teclados, passos de pessoas que entram e saem, e até mesmo conversas entre as pessoas envolvidas no programa.

É desejável ilustrar as notícias divulgadas com suas histórias pessoais, com sinceridade. Não minta. Não invente.

Jornalismo é fato, não ficção.

Mesmo com a tecnologia digital disponível, o jornalismo depende da velha e boa reflexão, investigação, precisão e divulgação.

Os jornalistas desempenham mais de uma função na redação.

O trabalho também pode ser feito em home office.

A entrevista é o ponto central na construção e divulgação da notícia. Ela confere credibilidade à história que está sendo narrada. No final deste livro, há indicações de outras leituras sobre jornalismo.

Lembre-se de que é preferível manter os verbos no presente, principalmente nos títulos e nas manchetes. Deixe o passado para a história.

É necessário avançar na apuração dos fatos e não apenas repetir o que já foi noticiado em outras mídias sociais. Ler sim, plagiar não.

Aproveite a capacidade de armazenamento do seu smartphone e mantenha uma agenda com todos os contatos possíveis. A agenda é uma ferramenta útil no dia a dia. Não se esqueça de avaliar a credibilidade da fonte para saber sobre o que ela fala.

Jornalismo é...

"Separar o joio do trigo e publicar o joio", diz Dona Juventina, apropriando-se da definição de Mark Twain.

Muito se fala sobre o jornalismo. Diversas opiniões, reflexões e ideias surgem a respeito do que, de fato, essa atividade representa. Seria a busca da verdade? Uma investigação minuciosa de fatos ocorridos? A revelação de acontecimentos inéditos? Sim, responder afirmativamente a essas questões é uma maneira possível de descrever e definir o jornalismo. No entanto, essa resposta não abrange totalmente a complexidade da profissão. Também não é suficiente para abordar a amplitude do jornalismo, especialmente nesses anos de mudança como atividade econômica.

Desde os tempos de seu surgimento, nas pradarias do Brasil colonial, até a sua prática em um mundo mediado por relações virtuais, o jornalismo passou por uma mutação. No entanto, essa mutação não deve ser entendida como nos filmes da megafranquia de Hollywood dos X-Men. Aqui, não há brigas entre o bem e o mal, nem super-heróis ou semideuses. Na esfera jornalística, o elemento humano é uma variável significativa, um equilíbrio fundamental. Quanto mais ouvimos os outros, quanto menos julgamos antecipadamente e investimos em conhecer os fatos, mais espaço surge para o jornalismo. Isso resulta na geração de informações de qualidade e na abordagem de uma ampla gama de assuntos, possibilitando a compreensão do mundo que nos cerca.

O episódio que você deve conferir é com a talentosa Dani Mel. Ela é especialista em entrevistas musicais.

Faça a leitura do QR code com o seu celular ou tablet para acessar o episódio na íntegra.

ÁLBUM DE FIGURINHAS - PARTE 6

JÚLIA LÚCIA

Radialista e professora universitária.

KAKÁ RODRIGUES

Radialista.

KAREN CRISTINA KRAEMER ABREU

Publicitária, jornalista e professora universitária.

LEANDRO LACERDA

Jornalista e professor universitário.

LEILA MENDES

Publicitária e professora universitária.

LUIZ HENRIQUE ROMAGNOLI

Jornalista e produtor de áudio.

MAIARA BASTIANELLO

Jornalista.

MÁRCIO GUERREIRO

Publicitário.

LEIA O QR CODE PARA TER ACESSO AOS DEPOIMENTOS.

CAPÍTULO 6

INTERNÊ

- A ORIGEM DOS IDIOTAS
- SÓ A IMPERMANÊNCIA É PERMANENTE
- TODOS SÃO NETIZENS
- O ADVENTO DA INTERNET
- A RADICALIDADE DO ONLINE
- SAITE OU SÍTIO?
- DE UMA TECNOLOGIA PARA OUTRA
- ÁLBUM DE FIGURINHAS – PARTE 7
- WEB RÁDIO
- O DOUTOR GOOGLE
- PLATAFORMAS DO NEW RÁDIO
- A TV NO NEW RÁDIO
- YOUTUBE: COMO ATUAR?
- COMO É QUE "POD"?
- ÁLBUM DE FIGURINHAS – PARTE 8
- O MUNDO DO WHATSAPP
- COMO VIRALIZAR?
- O ESTRESSE DAS REDES SOCIAIS
- A ERA DOS INFLUENCERS
- PISANDO EM OVOS NA WEB
- A ERA DO CANCELAMENTO
- UM AVATAR NO ESTÚDIO
- ÁLBUM DE FIGURINHAS – PARTE 9

A ORIGEM DOS IDIOTAS

"A internet está se transformando na praça central da aldeia global do amanhã."

Bill Gates

Por enquanto ela é vice, mas está no calcanhar da primeira colocada. Qual o primeiro gesto que uma pessoa faz quando quer saber de uma notícia? Ligar a TV? Ligar o rádio? Parar em uma banca de jornal? Ou pegar o celular no bolso ou na bolsa?

A televisão ainda lidera a preferência para se informar, e em segundo lugar vem a internet. Mais de 91% dos internautas acessam informações pelo celular. A mobilidade disponível, o alcance global e a variedade de fontes noticiosas criaram um verdadeiro oceano de informações à disposição de quem pode pagar e até mesmo daqueles que não podem. Há muitos recursos gratuitos, uma vez que adicionar mais um internauta à rede tem um custo próximo de zero.

O panfleto, o alto-falante, o carro de som, o trio elétrico foram substituídos por um pequeno gadget. Só no Brasil existem cerca de 298 milhões deles, e muitos estão conectados à internet. Ninguém esquece a frase de Umberto Eco, que dizia que a internet deu voz aos idiotas. Talvez ele não tivesse uma noção real das mudanças que ocorreriam com os cidadãos tendo acesso à divulgação do que julgam importante. Poderíamos dizer o mesmo sobre a imprensa de Gutenberg, que deu acesso aos livros aos idiotas?

De receptor a emissor de mensagens. Milhões de pessoas têm acesso a um equipamento que emite informações, as quais são armazenadas em diversas plataformas. A maioria delas é aberta e aparentemente gratuita. Algumas são pequenas e se resumem a grupos de amigos conectados pelo WhatsApp. Compartilhar tornou-se sinônimo de informar.

Mas essas informações são confiáveis? Muitas delas não são. A disseminação de notícias falsas é tão antiga quanto a história da humanidade, e há inúmeros exemplos registrados em livros antigos. Reis, faraós, imperadores, senhores feudais, clérigos e sacerdotes difundiram informações falsas nas plataformas disponíveis na época, seja por meio da fala, do papiro ou do cuneiforme. Não seria diferente com o acesso às redes sociais.

Em todos os tempos, os emissores de informações falsas se apropriaram de linguagens oficiais ou jornalísticas para difundir suas mentiras, pois isso lhes conferia maior credibilidade. Com a tecnologia disponível atualmente, é possível imitar com perfeição a voz de outra pessoa e reforçar a pseudoveracidade do conteúdo.

A primeira vítima de uma guerra é a verdade, como já dissemos. Essa afirmação foi constatada ao longo da história. Por esse motivo, as fontes de informação precisam ser checadas e avaliadas. Notícias falsas circulam com muita velocidade e se espalham através dos bits e bytes. Por isso, é necessário um processo de apuração mais rigoroso por parte daqueles que têm a responsabilidade de transmitir informa-

ções confiáveis, sejam empresas, blogs, espaços virtuais independentes ou qualquer outra fonte de informação. Hoje em dia, ninguém mais precisa ficar refém da mídia tradicional.

Bem-vindo ao mundo em que não se pode mais impedir a circulação de notícias, mesmo nos países onde a censura alcança os servidores digitais. Existe uma clara luta entre o jornalismo empresarial, que busca lucros, e o jornalismo sem fins lucrativos. Parece uma batalha desigual, mas ainda é possível optar por algo pago se estiver carregado de credibilidade, interesse público, originalidade e se estiver claramente comprometido com a imparcialidade. Há espaço para todos os temas e visões de mundo. Um ambiente como esse não alimenta idiotas, pelo contrário, desenvolve espírito crítico.

ATENÇÃO

O rádio levou 38 anos para alcançar uma audiência de 50 milhões de pessoas. A televisão levou 13 anos. O Instagram conquistou um público do mesmo tamanho em apenas 1 ano e meio.

SÓ A IMPERMANÊNCIA É PERMANENTE

Os mercadores fenícios ganharam competitividade em relação aos concorrentes quando criaram o alfabeto. Após séculos da invenção da escrita, essa inovação revolucionou o comércio e a cultura. O alfabeto atravessou toda a Antiguidade e a Idade Média, preservando o conhecimento, a cultura e as obras dos filósofos gregos, romanos, judeus e árabes. A Bíblia, escrita em latim, era cuidadosamente produzida nos mosteiros e conventos por copistas, que caprichavam nas belíssimas iluminuras. Poucos exemplares eram produzidos e eram monopolizados pelo clero católico.

Em uma pequena oficina em Mainz, próximo a Frankfurt, um artesão tinha uma prensa que permitia carimbar folhas com textos e mensagens. Foi Gutenberg quem desenvolveu os tipos móveis, o que possibilitava compor o texto de forma mais fácil e reutilizá-lo em outras impressões. A impressora ganhou destaque ao ser usada na composição da Bíblia. Martinho Lutero, um ex-monge, encomendou mil exemplares, um número enorme, e em alemão, a língua nacional, deixando de lado o latim. O clero perdeu o monopólio de acesso ao texto religioso de uma hora para outra, resultando em uma revolução. Surgiram as religiões reformadas e o cristianismo europeu se dividiu. Esse método logo foi utilizado para imprimir novos livros, mapas, relatos de viagens e pesquisas científicas. O mundo mudou completamente. A arte e a ciência se internacionalizaram, e um novo mundo surgiu: a América.

A Revolução Industrial trouxe consigo o desenvolvimento em massa de diversos produtos culturais. Com preços mais baixos e grandes edições, o mercado mundial foi inundado com esses produtos. As novas máquinas permitiram que jornais e revistas tivessem mais de uma edição por dia, tornando-se a principal fonte de informação da sociedade capitalista. Além disso, o avanço da eletrônica trouxe o surgimento do telégrafo, do rádio e da televisão. Essas inovações tecnológicas abriram novas possibilidades de comunicação e entretenimento.

Grandes grupos de mídia surgiram e o modelo se espalhou pelo mundo. Um mesmo grupo era responsável pela produção de jornais, revistas, agências de notícias, rádios e TVs comerciais. A competição mundial e os conflitos bélicos no século 20 proporcionaram a criação dos veículos estatais. Estes estavam a serviço dos estados democráticos e totalitários, e o auge foi o período da Guerra Fria: Voz da América, Voz da Rússia, Rádio Pequim, Voz do Brasil...

Tudo ia bem até o advento da tecnologia digital. Com uma velocidade inédita na história da humanidade, ela impactou a sociedade contemporânea. Nada mais foi igual depois da chegada dos bits e bytes, principalmente na comunicação. Começou a era Zuckerberg. Com um celular, ou melhor, um pequeno computador sem fio, qualquer pessoa ganhou o poder de emissão. Notícias, shows, humor, talk shows, esportes etc. são originários de milhões de mentes com espaços na internet.

A mídia tradicional sofreu um impacto inimaginado. Cada vez mais as pessoas estão conectadas. No metrô, é possível ver um mar de pessoas navegando em seus smartphones. Com a nova tecnologia do metaverso, não se trata apenas de bater um papo no chat, assistir a uma live ou compartilhar vídeos e fotos, mas sim ter uma experiência de convívio real em outra dimensão. Essa transformação digital, que pode ser considerada um "novo marco" na era da internet, já está acontecendo e é certo que, com a universalidade do 5G, revoluciona mais uma vez nossos conceitos sobre convergência e interatividade.

Mesmo com as facilidades da tecnologia digital, não é possível dirigir e responder a um WhatsApp, nem assistir a uma partida de futebol em um vídeo no carro. No entanto, é possível ouvir e realizar inúmeras tarefas. Isso abriu novas possibilidades para o rádio, que saiu do dial consolidado para outras plataformas, como o online, podcasts, streamings e lives. O New Rádio obteve um ganho com a multiplataforma de propagação de conteúdo através de sua essência: o áudio.

Credibilidade, instantaneidade, múltiplas fontes e informações por meio de aplicativos para a participação da audiência, carisma e companheirismo ganharam o mundo da web e consolidaram o dinamismo da comunicação auditiva. O New Rádio surge na nova tecnologia com novos formatos, maior criatividade e um nível mais alto de atenção do público.

Em tempo, o autor do título deste subcapítulo é Sidarta, o Buda.

TODOS SÃO NETIZENS

"Não deixe a opinião dos outros abafar sua voz interior."

Steve Jobs

Os "netizens" também circulam pelo New Rádio. Essa palavra é um neologismo, que surgiu da combinação dos termos "net" (rede) e "citizens" (cidadãos). Ela representa a interação das pessoas com as novas tecnologias digitais.

[Bem-vindo ao século 21. Você é um "netizen", um cidadão digital, e existe como cidadão do mundo graças à conectividade global que a internet proporciona. Por meio disso, todos os seres interconectados são compatriotas no mundo digital. Fisicamente, você reside em um local específico, seja uma cidade, uma região, um país ou um continente. No entanto, virtualmente, você está em contato com o mundo inteiro por meio da rede mundial de computadores. Não há mais fronteiras físicas, com exceção de países totalitários onde a censura ainda é presente.

Os "netizens" estão conectados 24 horas por dia, sete dias por semana, 365 dias por ano. Eles ouvem o New Rádio por meio de diversas

Confira o depoimento do publicitário Hugo Rodrigues, atual chairman do McCann Worldgroup para WMcCann, Craft e Aldeiah.

plataformas, trocam opiniões e constantemente compartilham links para acessar as programações. A distância geográfica foi substituída pela proximidade virtual.

Agora é possível se comunicar com o mundo inteiro. Em breve, até mesmo com a Lua e Marte. Os cidadãos digitais não são apenas receptores, mas também emissores, participando ativamente na programação da New Rádio por meio de aplicativos de mensagens. Eles deixaram de ser passivos e se tornaram ativos na troca de informações.

Opinam sobre todos os assuntos tratados, a qualidade dos temas, sua relevância, veracidade, preferências musicais, esportivas e assim por diante, assim como Dona Juventina, que sempre aparece por aqui para dar os seus pitacos.

O comunicador do século 21 não pode esquecer disso, sob pena de perder audiência e relevância. A construção da programação e das atrações para consolidar audiência passa necessariamente pela interação com os netizens. É fundamental envolvê-los, ouvi-los e atender às suas expectativas, pois são eles que impulsionam o sucesso e a popularidade do New Rádio.

O ADVENTO DA INTERNET

Era o ano de 1998. Foi nesse ano que o computador chegou à minha casa juntamente com a internet, lembra Fernando. Era a internet discada. Era necessário ter um modem de 56 kbps conectado ao computador, assinar um provedor (UOL, AOL, IG) e possuir uma linha telefônica.

Normalmente eu esperava até meia-noite para conectar à internet, pois assim pagava apenas um pulso na conexão. A conta no final do mês ficava mais barata. Estou falando de um ano muito anterior à banda larga, que dirá internet via fibra óptica.

Baixar arquivos demorava uma eternidade. E quando se tratava de vídeos, era praticamente impossível. Nessa época, a comunicação por e-mail era muito comum, e foi nesse contexto que o rádio começou a ter uma interação ainda maior com os ouvintes. ***"O New Rádio", diz Dona... ops, o Fernando.***

No mesmo ano, eu comecei a produzir websites usando um programa chamado Front Page, que fazia parte do pacote Office. Meu primeiro site era sobre bateria, onde eu compartilhava informações sobre marcas, bateristas, estilos musicais, entre outros (drumsfvg.hpg.com.br). O HPG significava Home Page Grátis, era um servidor que oferecia hospedagem gratuita para os sites. Foi graças a eles que pude aprender a criar sites praticamente sem custo.

De maneira bastante incipiente, os primeiros criadores de conteúdo começaram a surgir. Rafinha Bastos foi um dos pioneiros, criando sua página em 2001 (paginadorafinha.com.br), onde produzia vídeos independentes de humor. Geralmente eram paródias de videoclipes famosos da época. Naquela época, os vídeos demoravam bastante para serem baixados, levando um tempo considerável até poder assistir.

Posteriormente, tivemos uma sensação na internet: o vídeo viral "HAVAIANAS DE PAU", que ocorreu em 2004. Esse vídeo se tornou um clássico da internet e foi criado pelos irmãos Ricardo e Rodrigo Piologo, mais conhecidos como irmãos Piologo.

Nessa época, os vídeos animados em Flash eram extremamente populares. O Flash era um programa da Macromedia amplamente utilizado não apenas para criação de sites, mas também para produção de animações. Fazer animações em Flash era uma tendência e muitas pessoas estavam interessadas em aprender e criar seus próprios vídeos animados.

O surgimento do formato de áudio MP3 foi realmente revolucionário. Ele permitiu que as músicas fossem comprimidas em um tamanho muito menor sem comprometer significativamente a qualidade do som. Isso facilitou o compartilhamento de músicas pela internet, seja por e-mail ou através de plataformas de compartilhamento de arquivos. As pessoas podiam enviar suas músicas favoritas de forma mais rápida e conveniente.

O MP3 surge aproximadamente em 1993. Mas somente em 1997 a Sony padroniza um formato para o mercado e em 1998 surgem os primeiros players portáteis.

Agora imagine o que começou a acontecer. Se a pirataria de CDs já corria solta, na internet não poderia ser diferente. Muita gente começou a compartilhar músicas no formato MP3 via Torrent, que é um sistema de codificação para compartilhamento de arquivos. Eu posso, e você também, disponibilizar arquivos de vídeo, áudio e imagem para outras pessoas baixarem e compartilharem. ***"Arquivos dos quais você detenha os direitos autorais, caso contrário, é crime", adverte Dona Juventina.***

Confira o depoimento dos irmãos Piologo.

FOTO: LOURIVAL RIBEIRO.

Nesse momento, começa o desafio das rádios musicais. Em meu computador, eu podia fazer o download das minhas músicas favoritas e ouvi-las em meus fones de ouvido, podendo, inclusive, transferi-las para o meu player portátil.

Hoje, com o Spotify e o celular, isso não é mais necessário. A dinâmica mudou completamente e de forma muito rápida. ***"Eu ouço meu Telefunken estéreo", intervém Dona Juventina.***

Simultaneamente a isso, começaram a surgir as plataformas de bate-papo e chamadas. Quem aí lembra do ICQ? Você tinha um número, como um telefone, para compartilhar com os amigos. Com o número em mãos, era só adicionar e começar a conversar.

E o Skype? Criado no início de 2003, mudou completamente a forma de se comunicar, quebrando o paradigma das telefonias. É importante ressaltar que falar sobre telefone daria um capítulo à parte. Hoje não se fala mais em pulsos ou minutos, mas em compartilhamento de dados.

Bem, também tivemos o surgimento dos blogs, o qual temos um capítulo exclusivo para esse tema aqui no livro. Os blogs podem ser encarados como diários pessoais, periódicos e até empresariais. São plataformas para você compartilhar suas ideias, histórias, atividades cotidianas, artigos, entre outras coisas. Enfim, existem muitas possibilidades.

E, é claro, começaram a surgir as primeiras redes sociais, como o Orkut e o Facebook, no ano de 2004.

Tudo isso trouxe protagonismo ao ser humano. Democratizou a informação. Agora, para compartilhar e consumir conteúdo, eu não dependo mais de jornal, revista, televisão e/ou rádio. Eu mesmo tenho o poder na palma das minhas mãos.

Assim surge o New Rádio, que dissecamos completamente ao longo deste manual.

A RADICALIDADE DO ONLINE

O público aprendeu, ao longo do tempo, a escolher suas emissoras de rádio e televisão. Eles conhecem o conteúdo dessas emissoras e fazem suas escolhas de acordo com suas preferências. A segmentação foi uma característica do período das FMs e dos canais abertos e fechados. No entanto, com a chegada da tecnologia digital, tudo ficou de pernas para o ar. No ambiente online, a segmentação atinge níveis extremos. ***"É um deus-nos-acuda", diz Dona Juventina.*** Tem áudio e vídeo dos mais estranhos e exóticos assuntos.

O público tem o controle nas mãos. Seja por meio dos dedos no smartphone, do mouse no laptop ou de qualquer outro dispositivo, como os óculos de realidade virtual desenvolvidos pela empresa Meta, a variedade de programação disponível é incomparável em termos de especificidade e diversidade.

A competição pela audiência não se limita mais em nível regional, mas sim alcança uma dimensão global. A internet permite que as programações circulem sem fronteiras, alcançando um público internacional. No entanto, é importante mencionar que em países autoritários como Irã, Afeganistão, Coreia do Norte, entre outros, há restrições e obstáculos à livre circulação da informação.

Com a concorrência global, as emissoras brasileiras que também estão presentes online se tornam concorrentes de marcas internacionais renomadas como a BBC, CNN, Deutsche Welle e muitas outras. Os produtores e apresentadores de programas no Brasil precisam estar atentos a essa concorrência. Embora algumas dessas emissoras estrangeiras transmitam em seus idiomas originais, existem recursos de tradução disponíveis para som, imagem e texto, o que torna seu conteúdo compreensível para um público mais amplo. ***"Não é fácil, moçada", proclama Dona Juventina.***

A nova tecnologia não ameaça apenas o FM, mas também diretamente as antenas de recepção no topo das casas e dos prédios. ***"Na minha casa ainda tenho uma antena 'espinha de peixe'", acrescenta a ombudsman.***

Confira o depoimento da jornalista Sheila Magalhães.

As parabólicas imensas já estão sendo vendidas como sucata nos ferros-velhos.

As plataformas de tinta e papel estão em fase de extinção também. Ainda há bancas de jornal na rua onde você mora? Se houver, pergunte ao jornaleiro responsável quantos exemplares de jornais diários são vendidos diariamente. O Jornal Pet não conta. Esse é para o pipi do Bob ou do gato Faísca. ***"Eu gosto de sentir o cheiro da tinta do jornal, disso eu não abro mão", fala a defensora do Gutenberg.***

É preciso ser diferente

Aparentemente é fácil ser diferente. ***"Basta amarrar uma melancia no pescoço", ironiza Dona Juventina.*** No entanto, não é suficiente. A audiência busca uma programação capaz de captar sua atenção, e isso não é fácil. Requer muita pesquisa qualitativa e quantitativa, além de manter os sentidos bem afinados.

Os principais responsáveis pelo sucesso ou fracasso da emissora são, em ordem, o apresentador, o produtor e o gestor da emissora.

O apresentador deve liderar a equipe, assumir os erros e deslizes, além compartilhar o sucesso do programa ou da emissora com todos. Portanto, é necessário ser um líder capaz de conduzir o projeto ao sucesso. ***"Já sei, vai indicar o livro Falar Para Liderar, listado no final do livro", protesta Dona Juventina.***

"E há os cursos online também, Heródoto", complementa Vítolo. "Basta o leitor acessar o site fernandovitolo.com.br".

Certamente, a novidade, a surpresa, o inusitado e o inédito são ferramentas essenciais para o sucesso. É importante surpreender o público sempre que possível, pois o conteúdo é altamente perecível. A capacidade de oferecer algo novo e diferente mantém a atenção e o interesse dos ouvintes, tornando-se um elemento crucial para o êxito contínuo.

Não esqueça de que em apenas alguns segundos tudo pode mudar.

SAITE OU SÍTIO?

Se for na "Terrinha" é sítio. Se for em Ibirapitanga é site. ***"Ué, não é saite?", diz Dona Juventina.*** O site é o vovô das plataformas. Ele é um grande outdoor digital que mostra todas as plataformas usadas pelo New Rádio. O fato de ser "sênior" não inviabiliza desenvolver uma estratégia para atrair o público que busca áudio, imagem e texto.

O menu deve estar bem visível, de preferência no topo da página. Deve ser uma ferramenta simples, didática e que conduza o internauta para a página ou o assunto que busca.

A publicidade pode estar posicionada na parte superior. Ela deve ser alegre, colorida e simples, além de ajudar a prender a atenção do público e vender o produto, é claro.

Os botões que direcionam ao áudio ao vivo, à prestação de serviços e às outras atividades devem estar visíveis e localizados no topo da página, para facilitar o acesso e a navegação dos usuários.

A sequência de assuntos deve ser organizada de acordo com a preferência do público-alvo. É importante classificar os temas de modo que incluam noticiário local, nacional, esportes, celebridades, assuntos internacionais, entre outros, para atender às diferentes demandas e aos interesses da audiência.

Outros botões com assuntos de menor importância para o público podem ser distribuídos na parte inferior da página. Isso pode incluir fotos dos apresentadores do programa, chamadas dos temas do dia e outros elementos visuais que ajudem a atrair a atenção dos usuários e a fornecer uma visão geral do conteúdo disponível. Esses elementos visuais podem ser estrategicamente posicionados para aumentar o engajamento e incentivar os usuários a explorarem mais o site.

As chamadas dos podcasts devem ser amplas, com fotos e informações relevantes sobre os temas atuais. É importante fornecer uma breve descrição do episódio, destacar os convidados especiais e qualquer outra informação relevante que possa despertar o interesse do público. Além disso, é interessante disponibilizar uma lista dos podcasts antigos, para que os usuários possam revisitar ou descobrir episódios anteriores que possam interessar a eles. Isso permite que o público explore o conteúdo do programa de forma mais abrangente e tenha acesso fácil aos episódios passados.

A seção "Mais Recentes" é uma atração importante e deve ser posicionada na parte inferior da página. Essa seção utiliza a tática de supermercado, onde as ofertas são colocadas no fundo da loja para incentivar os consumidores a percorrerem todas as gôndolas e, consequentemente, realizar mais compras. Da mesma forma, na seção "Mais Recentes", é essencial utilizar fotos atrativas, chamadas convincentes e exibir de maneira clara há quantos minutos ou horas o post foi publicado no site. Isso cria um senso de urgência e atualidade, incentivando os visitantes a explorarem as últimas atualizações do conteúdo. ***"Eu gosto mais das fofocas de artistas de novelas", exalta Dona Juventina.***

Quem disse que o e-mail ia acabar?

O New Rádio não pode abrir mão da comunicação através do e-mail. Vale tanto para a comunicação interna e o acesso às ofertas dos anunciantes como para comentar, perguntar e criticar a programação disponível nas multiplataformas.

Assim, disponibilize no site o campo com o e-mail de contato e, se possível, especifique um e-mail para cada departamento. Isso facilitará a comunicação direta com a equipe responsável por cada área.

Por exemplo:
pauta@seudominio.com.br
sugestoes@seudominio.com.br
anuncie@seudominio.com.br
contato@seudominio.com.br
curriculo@seudominio.com.br

Não faça spam!

Spam ou e-mail marketing? E-mail marketing é um nome bonito para spam. No entanto, é importante destacar que o e-mail marketing deve ser feito de acordo com as regulamentações e leis de proteção de dados, como a LGPD (Lei Geral de Proteção de Dados). Comprar listas de e-mails sem consentimento dos usuários é uma prática que pode violar essas leis e prejudicar a reputação da empresa. ***"É por isso que quando acesso um site, vem lá, não sei quem, perguntando se eu concordo em aceitar cookies", interroga Dona Juventina. "Pensava que cookie é aquele biscoitinho gostosinho que tomo com chá no final da tarde...".***

Você pode receber multas significativas se não cumprir as leis de proteção de dados ao se comunicar por e-mail com sua audiência. É fundamental garantir que as pessoas tenham se cadastrado voluntariamente para receber seus e-mails e tenham dado a devida autorização para isso.

A página deve ser projetada de forma clara, limpa e didática, garantindo fácil acesso e sendo atrativa para desenvolver relacionamento e negócios com o público-alvo. É essencial ter uma compreensão clara do objetivo do site. As ferramentas e os elementos da página devem ser coordenados de maneira a não colidirem entre si e não se contradizerem, tanto de forma explícita quanto sutil. Isso é importante para manter a credibilidade e evitar a perda de audiência.

Lembre-se sempre de que o conteúdo é rei. ***"Ou rainha, seu machista", resmunga Dona Juventina.*** Ele pode abranger uma variedade de temas, mas é crucial que seja relevante. Evite tentar enganar seu público com manchetes e chamadas sensacionalistas ou falsas, com o objetivo de atrair cliques para abrir o conteúdo. Infelizmente, existem inúmeros exemplos desse tipo de prática na web, especialmente em conteúdos relacionados a celebridades, artistas, modelos, e assim por diante. É importante manter a integridade e oferecer um conteúdo autêntico e valioso para sua audiência.

Não se esqueça de fazer revisões sistemáticas do alvo e conteúdo do site. O que mudou que não está contemplado na página? Se a audiência caiu, quais as causas? Se aumentou, onde está acertando? ***"Cuidado com o 'voo de galinha'", diz a apreciadora de canja, intrusa deste livro.***

Sabe o que é SEO?

O Search Engine Optimization (SEO), que falamos um pouco mais na parte do YouTube, também deve ser considerado no site. Sem o SEO, os mecanismos de busca como o Google não encontrarão o seu conteúdo.

Não se esqueça de que, além do SEO, o seu site deve ser responsivo. ***"Como pode ter um site sem responsividade?", indaga Dona Juventina.*** É RESPONSIVO. Um site responsivo é aquele desenvolvido para se adaptar aos diversos tipos de tela. Isso significa que a mesma página pode ser aberta em um desktop, tablet ou smartphone sem apresentar problemas. Lembre-se de que muitos acessam os sites por meio de seus aparelhos celulares.

Por fim, não deixe de colocar os links para todas as redes sociais e o contato via WhatsApp. O site é uma maneira de se comunicar com a sua audiência e se conectar a ela.

DE UMA TECNOLOGIA PARA OUTRA

No primeiro ano após a comemoração do centenário da primeira transmissão oficial de rádio no Brasil, a comunicação voltada para a audição entra em uma nova era: a era digital. Ela se junta à tecnologia do FM, amplamente utilizada em todo o Brasil.

A rádio "Turma do Fundão Web" surgiu durante a pandemia com alguns entusiastas do bom rock, abrangendo diversos estilos, desde os clássicos até os progressivos. Com programação disponível duas vezes por semana, às sextas-feiras e aos domingos, a rádio apresenta playlists variadas, além de programas dedicados a metais, rock legends e lançamentos. É importante destacar que excelentes bandas estão lançando novas músicas, e outras estão surgindo, indicando um crescimento significativo para o rock 'n' roll.

"Fernando foi convidado para montar a playlist desta sexta-feira, 30 de setembro, que terá início às 20h. Acesse a programação no endereço indicado e aproveite a playlist no horário programado ou, se preferir, acesse o link posteriormente e desfrute de toda a programação sem moderação! Participe, mantenha-se informado e curta este rock... Sextou!"

LEIA O QR CODE PARA TER ACESSO AOS DEPOIMENTOS.

ÁLBUM DE FIGURINHAS - PARTE 7

MARCOS JÚLIO SERGL

Radialista, maestro e professor universitário.

MARQUÊS

Comunicador.

MAURÍCIO GUISARD

Publicitário.

MAURÍCIO NOGUEIRA TAVARES

Comunicador e professor universitário.

MAURO BETING

Jornalista esportivo.

MICHELLE GOMES

Jornalista.

MII SAKI

Radialista, jornalista e professora universitária.

MILTON JUNG

Jornalista.

NELSON GOMES

Jornalista.

WEB RÁDIO

O consumo de rádio online também tem crescido, o que evidencia sua capacidade de se reinventar ao longo dos anos para manter a audiência. De acordo com o Kantar Ibope, 7,4 milhões de pessoas (um aumento de 85% em relação a 2019) afirmam ter consumido rádio pela internet nos últimos 30 dias, permanecendo conectadas, em média, por 2 horas e 45 minutos ao dia (Kantar..., 2021).

A evolução tecnológica demonstrou ser um fator importante para que o rádio continue, no ano de seu centenário, como um meio de alta relevância. O consumo por meio de dispositivos móveis, como celulares, aumentou para 70%, um acréscimo de 4 pontos percentuais em relação ao ano anterior. Além disso, 30% dos ouvintes consumiram o rádio de forma online por meio de computadores. A convergência de plataformas e formatos de áudio permitiu uma diversificação do consumo, com 20% dos ouvintes utilizando o YouTube, além de 7% através da televisão e 6% por meio de Smart Speakers (Kantar..., 2021).

Os podcasts continuam sendo muito populares entre o público, com destaque significativo em sua preferência. Durante o período de abril a junho de 2022, 40% dos ouvintes se envolveram com esse formato, representando um aumento de 30% em comparação ao mesmo período de 2021. Ainda de acordo com Kantar... (2021), os cinco assuntos mais buscados pelos ouvintes são: entrevistas (45%), humor (42%), política (33%), música (29%) e notícias (25%). ***Dona Juventina arremata: "Deu para entender o que o público quer?".***

Para ter sempre em mente:

- O rádio digital, o New Rádio, é uma nova forma de rádio.
- A revolução digital encurtou distâncias, tornou o mundo menor, mais próximo e instantâneo.
- Hoje, há uma verdadeira avalanche de informações.
- Cada um, indivíduo, cidadão, empresa, instituição, tem o poder de comunicação e de gerir uma New Rádio.
- Vivemos na era dos agregadores, ou seja, pessoas ou empresas que trabalham de forma a agregar uma programação às plataformas tecnológicas.

- Cada cidadão pode produzir um conteúdo, apresentá-lo, gravá-lo, filmá-lo e publicá-lo no New Rádio.
- O custo de produção despencou em comparação às mídias tradicionais.
- Hoje, qualquer um pode ter o poder da mídia.
- O New Rádio não é uma via de mão única como na fase das cartas, dos telefonemas, dos telegramas ou dos cochichos da Dona Juventina.
- Todo o processo se tornou interativo, colaborativo e remixado, sem perder a personalidade.

O DOUTOR GOOGLE

"Ele é um médico? Tem CRM? Pode receitar remédio controlado?" Interroga a ombudsman deste livro, Dona Juventina.

O buscador mais usado na produção de conteúdo na New Rádio é o Google. As dúvidas e confirmações de nomes, países, fatos históricos, números, pesquisas e outros dados são verificados no Google. Textos, roteiros e comunicações são listados no Google Drive. Produtores, apresentadores, jornalistas e outros membros da equipe têm acesso à página com poucas senhas de acesso a todos. As correções, atualizações e mudanças de assuntos e pautas podem ser feitas online.

As laudas de papel dão lugar às páginas virtuais. São mais práticas, acessíveis e muito mais baratas. A boa e velha impressora quase perdeu toda a importância no processo de produção dos programas. Espelho, notas, edições não são mais impressas como antigamente. Na frente do microfone e das câmeras, não se vê mais aquela maçaroca de papel dividida em dois blocos, as já lidas e as que esperam leitura. Tudo está à disposição dos laptops na frente do apresentador.

Em suma, o conteúdo é compartilhado por todos. O buscador organiza a informação do mundo e a torna universalmente acessível e útil, explica o Webjornalismo, listado no final do livro.

Há outros buscadores menos conhecidos, mas que podem ser consultados e as informações cruzadas para checagem da veracidade do que é relatado. Antes disso, nos centros das redações ficavam à disposição da equipe algumas enciclopédias e livros.

A grande pergunta que fica é sobre a veracidade das informações consultadas no Google. Quando fazemos alguma pesquisa, muitas vezes aparecem informações que estão na Wikipédia, uma enciclopédia colaborativa, ou seja, que é alimentada por diversas pessoas. Como podemos confirmar se a informação ali apresentada é verídica ou está correta? Nós já encontramos diversos erros na rede.

A necessidade de checar, confirmar e buscar fontes confiáveis continua sendo fundamental para garantir a qualidade e a precisão do conteúdo compartilhado. Em um mundo repleto de dados acessíveis, cabe a cada um exercer seu papel crítico e responsável na busca por informações verídicas e na disseminação de conhecimento confiável.

PLATAFORMAS DO NEW RÁDIO

Para o rádio, desde a sua invenção até recentemente, a única plataforma que se fazia necessária para acompanhar a programação era um aparelho de rádio. Grande, pequeno, no carro... não importa. Era apenas necessário pegar carona nas ondas eletromagnéticas que estavam no ar e ainda passeiam por ele. On air...

"Eu ainda tenho um rádio vitrola da Telefunken, com ondas médias, curtas, tropicais e até FM", diz Dona Juventina, a ombudsman deste livro. "Esse negócio de celular é uma modernidade totalmente desnecessária", diz a velhota fofoqueira. "Gosto de ouvir aquele chiado carinhoso, uns pipocos para me manter acordada e o aquecimento gostoso do aparelho na minha sala de visitas. Ponho meu pé perto da caixinha de simpáticas válvulas que piscam como enfeites de Natal", conclui Dona Juventina.

Já o New Rádio, além da tecnologia FM, conta com inúmeras outras plataformas disponíveis. E para acessá-las, você precisa de um smartphone e acesso à internet. E tudo isso ainda está se estruturando. Nada é concreto ou definitivo.

É importante entender que, atualmente, como já dissemos, tudo muda muito rápido. Até a data da publicação deste livro ou do momento

Confira algumas dicas importantes sobre as plataformas do New Rádio.

em que você o estiver lendo, é possível que alguma dessas plataformas já não exista mais ou que novas já estejam sendo apresentadas ao mercado, bem como suas ferramentas, que podem ser atualizadas ou abandonadas.

"Alguém lembra do Orkut?", pergunta a ombudsman Juventina.

Escolhemos as plataformas mais utilizadas e fornecemos algumas orientações de como utilizá-las em seu dia a dia. Para todas as plataformas, avalie as seguintes características:

1. **Posicionamento** – defina claramente como você se posiciona, seu público-alvo, nicho de atuação e linha editorial.
2. **Conteúdo relevante** – publique conteúdo que sua audiência valorize e que possa ser útil de alguma maneira no dia a dia.
3. **Recorrência** – repita, repita e repita. O sucesso do New Rádio está diretamente ligado à recorrência de todo o processo e de todas as publicações.

Plataformas:

LINKEDIN

Ano de surgimento: 2003.

País de origem: Estados Unidos.

Número de usuários: 1 Bilhão (2023), de acordo com Ferreira (2023).

Principal atividade: rede social profissional.

Ferramentas principais: postagens, artigos, enquetes, vagas de emprego, contratação, páginas corporativas.

O LinkedIn é a principal plataforma profissional com foco em networking e oportunidades de carreira. É uma plataforma ideal para estabelecer conexões profissionais, participar de grupos relevantes e avisar sobre seus programas.

Orientações:

- Crie sua página corporativa.
- Elabore enquetes referentes ao seu nicho de atuação.
- Publique artigos.
- Divulgue seus programas e conteúdos.
- Utilize a plataforma para encontrar convidados e profissionais para suas pautas.
- Divulgue vagas de trabalho.
- Compartilhe conteúdos sobre o mercado de trabalho.

FACEBOOK

Ano de surgimento: 2004.

País de origem: Estados Unidos.

Número de usuários: 3,08 bilhões (2023), de acordo com Haas (2023).

Principal atividade: rede social.

Ferramentas principais: postagem em feed, stories, páginas, reels.

O Facebook é uma das redes sociais mais populares e abrangentes, com uma enorme base de usuários em todo o mundo, oferece diversas oportunidades de alcance e engajamento. É possível compartilhar textos, fotos, vídeos e criar transmissões ao vivo, além de interagir com seu público por meio de comentários, curtidas e compartilhamentos. Também oferece recursos como grupos e páginas, permitindo construir comunidades em torno de seus interesses e projetos. É uma plataforma versátil e poderosa para divulgar conteúdo e estabelecer conexões significativas com seu público.

Orientações:

- Interaja com sua audiência.
- Peça sugestões e feedback.
- Utilize a plataforma como termômetro para sua programação.

- Divulgue seus programas.
- Compartilhe a agenda da semana.
- Poste fotos de bastidores.

YOUTUBE

Ano de surgimento: 2005.

País de origem: Estados Unidos.

Número de usuários: 2.7 bilhões (2024), de acordo com Shepherd (2024).

Principal atividade: compartilhamento de vídeos.

Ferramentas principais: vídeos, shorts e lives.

O YouTube é a plataforma de compartilhamento de vídeos mais popular com bilhões de usuários ativos mensalmente, oferecendo uma ampla audiência global. Recursos como a monetização permitem ganhar dinheiro com conteúdo por meio de anúncios e parcerias. A plataforma oferece análises detalhadas sobre o desempenho dos vídeos, permitindo entender seu público e otimizar suas estratégias.

Orientações:

- Transmita seus programas ao vivo.
- Faça cortes dos programas.
- Responda aos comentários nos vídeos.
- Interaja com o chat durante as transmissões ao vivo.

TWITCH

Ano de surgimento: 2005.

País de origem: Estados Unidos.

Número de usuários: 140 milhões (2023), de acordo com Sollitto (2023).

Principal atividade: streaming de games.

Ferramentas principais: streaming.

A Twitch é uma plataforma de streaming ao vivo voltada para a transmissão de jogos, performances, tutoriais, entre outras possibilidades. Com foco na interatividade, permite se conectar diretamente com seu público por meio de bate-papo ao vivo e em tempo real. Os espectadores têm a oportunidade de participar ativamente das transmissões, enviando mensagens, fazendo doações ou assinaturas para apoio financeiro.

Orientações:

- Transmita seu programa ao vivo.
- Interaja com a audiência por meio do chat.

X (antigo TWITTER)

Ano de surgimento: 2006.

País de origem: Estados Unidos.

Usuários ativos mensais: 619 milhões(2024), de acordo com Dixon (2024).

Principal atividade: rede social.

Ferramentas principais: posts de 280 caracteres.

O X é uma plataforma de microblogging popular para compartilhar ideias, pensamentos e atualizações de maneira concisa. É possível compartilhar notícias, artigos, vídeos, imagens e participar de conversas em tempo real com seu público. A plataforma também oferece recursos como hashtags, que ajudam a categorizar e descobrir conteúdo relevante.

Orientações:

- Crie manchetes dos seus programas para postar.
- Interaja com sua audiência.
- Peça sugestões e feedback.
- Utilize como termômetro para sua programação.

- Divulgue seus programas.
- Compartilhe a agenda da semana.
- Poste fotos dos bastidores.

No X existem pessoas que têm milhões de seguidores. Essa mídia social tem sido usada para anúncios mais diretos por presidentes, primeiros-ministros, comandantes militares e até por um tal de Elon Musk. ***"Eu também tenho um, seus invejosos", diz a tuiteira Juventina. "E quem é esse tal de Elon... Elon o quê? Que vocês escreveram aí?"***

Celebridades, bancos, corporações, New Rádio, times de futebol têm X e todos torcem para que suas postagens viralizem. Antes que a senhora de plantão pergunte, viralizar quer dizer bombar, estourar a boca do balão, se espalhar mais rápido do que a lista de WhatsApp do nosso celular.

Mais algumas orientações:

- Construa relacionamentos.
- Seja simples e direto na comunicação.
- Escolha cuidadosamente seus objetivos.
- Divulgue o endereço do seu X ou outras mídias sociais em tudo o que for possível: xícara de café, outdoors, camisetas, anúncios pagos ou não, estojo de maquiagem, roupas íntimas. ***"Ops, rapaziada, menas, menas...", resmunga Dona Juventina.***

SPOTIFY

Ano de surgimento: 2008.

País de origem: Suécia.

Número de usuários: 602 milhões (2023), segundo Di Lorenzo (2024).

Principal atividade: músicas.

Ferramentas principais: hospedar suas músicas e podcasts.

O Spotify é uma plataforma de streaming de áudio amplamente utilizada por quem deseja compartilhar suas músicas, podcasts e outros conteúdos de áudio. É uma vasta biblioteca de músicas e podcasts de diferentes gêneros e idiomas. É possível criar playlists personalizadas, lançar álbuns, episódios de podcasts e interagir com seus ouvintes por meio de comentários e compartilhamentos. Oferece recursos como estatísticas detalhadas de reprodução, permitindo entender seu público e ajustar suas estratégias.

Orientações:

- Crie playlists com seus podcasts/programas favoritos para usá-los como referência.
- Crie playlists dos seus podcasts/programas publicados, separando-os por afinidades.
- Crie uma identidade sonora para o seu programa.

WHATSAPP

Ano de surgimento: 2009.

País de origem: Estados Unidos.

Usuários ativos mensais: 2 bilhões (2024), segundo Dixon (2024).

Principal atividade: comunicação.

Ferramentas principais: mensagens de áudio e texto.

O WhatsApp é um aplicativo de mensagens instantâneas para se comunicar com seu público de forma direta e personalizada. Com recursos de mensagens individuais e em grupo, é possível compartilhar informações, atualizações, notícias e até mesmo conteúdos exclusivos com seus seguidores. O WhatsApp também permite o envio de mídias, como fotos e vídeos, facilitando a interação visual. Aproveite o recurso de transmissão para enviar mensagens para muitos destinatários ao mesmo tempo.

Orientações:

- Disponibilize seu WhatsApp em todas as suas redes e programação.
- Peça opiniões.
- Realize enquetes.
- Solicite fotos e vídeos da audiência.
- Crie uma lista de transmissão para manter sua audiência informada.

INSTAGRAM

Ano de surgimento: 2010.

Nacionalidade: indefinida.

Usuários ativos mensais: 2 bilhões (2024), segundo Dixon (2024).

Principal atividade: rede social.

Ferramentas principais: posts em feed, stories, reels e lives.

O Instagram é uma plataforma social popular que permite compartilhar fotos e vídeos com seu público. Seja criativo e utilize todas as ferramentas como feed, stories, IGTV e reels. Interaja com seu público por meio de curtidas, comentários e mensagens diretas, estabelecendo um diálogo direto com os seguidores.

Orientações:

- Interaja com sua audiência.
- Peça sugestões e feedback.
- Utilize como termômetro para sua programação.
- Divulgue seus programas.
- Coloque a agenda da semana.
- Utilize os stories para compartilhar bastidores.

Confira o depoimento do jornalista Marcelo Duarte.

TELEGRAM

Ano de surgimento: 2013.

Nacionalidade: indefinida.

Usuários ativos mensais: 800 milhões (2024), conforme dados de Dixon (2024).

Principal atividade: comunicação.

Ferramentas principais: mensagens de áudio, texto e páginas.

O Telegram é um aplicativo de mensagens e plataforma de comunicação em que é possível criar canais e grupos para compartilhar conteúdo com seu público, como notícias, atualizações, artigos, vídeos e muito mais. Permite o compartilhamento de arquivos de grande tamanho, o que é útil para disponibilizar recursos e materiais exclusivos para seus seguidores.

Orientações:

- Disponibilize seu Telegram em todas as suas redes e programação.
- Peça opiniões.
- Realize enquetes.
- Solicite fotos e vídeos da audiência.
- Crie um grupo para informar sua audiência sobre toda a sua programação e novidades.

Diferentemente do WhatsApp, o Telegram permite manter o histórico de mensagens em um grupo. Isso significa que qualquer pessoa que entrar no grupo, a qualquer momento, poderá visualizar todas as mensagens publicadas desde a criação do grupo.

DISCORD

Ano de surgimento: 2015.

Nacionalidade: indefinida.

Número de usuários: 563 milhões (2023), segundo Ceci (2023).

Principal atividade: comunicação.

Ferramentas principais: grupos de compartilhamento de áudio e vídeo.

O Discord é uma plataforma de comunicação e comunidade online com foco em chats de voz, texto e vídeo. É um espaço interativo para se conectar com seu público em tempo real. Utilize servidores personalizados para compartilhar conteúdo exclusivo, realizar transmissões ao vivo e organizar eventos. Além disso, a plataforma oferece recursos como canais de bate-papo separados por temas, categorias e níveis de acesso, permitindo uma organização eficiente da comunidade.

Orientação:

- Crie grupos exclusivos para sua audiência.

SPOTIFY FOR PODCASTERS (antigo ANCHOR)

Ano de surgimento: 2015.

Nacionalidade: indefinida.

Número de usuários: indefinido.

Principal atividade: distribuição de podcasts.

Ferramentas principais: gravar e distribuir seus podcasts a diversas plataformas.

Anchor é uma plataforma de podcasting que permite gravar, editar e distribuir podcasts de maneira fácil e acessível. Permite a monetização (não disponível em todos os países) do conteúdo por meio de parcerias e patrocínios. A plataforma facilita a distribuição do podcast em várias plataformas, como Spotify, Apple Podcasts e Google Podcasts.

Orientação:

- Distribua seu podcast e seus programas para o maior número possível de plataformas de áudio.

TIKTOK

Ano de surgimento: 2016.

País de origem: China.

Usuários ativos mensais: 1.56 bilhão (2024), segundo dados de Dixon (2024).

Principal atividade: compartilhamento de vídeos.

Ferramentas principais: vídeo, lives e now.

O TikTok é uma plataforma de mídia social de vídeos curtos. Conta com um algoritmo que personaliza o feed de cada usuário com base em seus interesses, tornando possível alcançar um público mais amplo. Possui um formato rápido e interativo.

Orientações:

- Faça transmissões ao vivo de sua programação.
- Crie trechos dos seus programas para compartilhar.

Essas são ferramentas do New Rádio. Você não só pode e deve usá-las para divulgar sua programação, mas também para publicar trechos de seus programas.

Use e abuse de todas as ferramentas

O Instagram foi o primeiro a criar a função Reels na plataforma. Quando surgiu, era para apenas vídeos no formato vertical de até 15 segundos. Esse tempo foi se ampliando até chegar a 90 segundos.

O TikTok, que surgiu como uma plataforma exclusiva de vídeos curtos, hoje já estendeu o tempo das publicações para 10 minutos de duração.

O que é interessante nas plataformas como TikTok e Instagram é que são um formato do tipo "backstage". Ou seja, publicar conteúdo do tipo making of, bastidores, por trás das câmeras, feito com os celulares, sem uma preocupação profissional com qualidade de áudio e imagem. A ideia é contar pequenas histórias do seu dia a dia.

Orientações essenciais:

- Publique cortes do seu conteúdo.
- Coloque legendas em seus vídeos, já que muitos assistem com o áudio no mudo.
- Crie listas de transmissões no WhatsApp e envie seu conteúdo por lá quando lançá-lo nas plataformas.
- A ferramenta de status do WhatsApp também é ideal para divulgações.
- Faça stories no Instagram e Facebook sobre seu conteúdo e novidades.
- O mesmo corte que você fizer do seu conteúdo é possível postar no Instagram, TikTok, X, LinkedIn, Facebook, Shorts do YouTube (até 60 segundos). Otimize sua mão de obra.
- Poste convites da sua programação em imagem no feed das plataformas.
- Envie mensagens em áudio para sua lista de transmissão no WhatsApp com divulgações e call to actions (inscreva-se, curta, ouça, assista).
- Lembre-se de que stories e status do WhatsApp ficam disponíveis por apenas 24 horas.
- Some a visibilidade de todas as plataformas para saber sua audiência real. Os números podem variar para cada plataforma.
- Faça transmissões ao vivo no Instagram e no TikTok.
- No X, faça perguntas intrigantes para ter a interação da sua audiência.
- Você também consegue postar pedaços do seu conteúdo e imagens no X.
- Quando fizer stories de chamada, coloque o link direcionado ao seu conteúdo.

- Seja sempre verdadeiro.
- Caso tenha alguma ideia e não possa fazer a postagem no mesmo momento, anote-a para não esquecer.
- Tenha frequência e recorrência. Sua audiência não pode ser abandonada. Caso você saia de alguma plataforma, comunique sua audiência.
- Faça perguntas e responda aos comentários.
- **Haters gonna hate**. Você não irá agradar a todos.
- Fale apenas sobre o que conhece. Falar sobre o que não sabe é mentira.

Essas são orientações essenciais para utilizar as plataformas do New Rádio de forma eficiente e engajar sua audiência. Lembre-se de adaptar essas estratégias de acordo com seu público-alvo e objetivos.

Atenção:

É possível que os números aqui publicados possam ser diferentes no momento da sua leitura. Lembre-se: o mundo não para de mudar um minuto sequer.

A TV NO NEW RÁDIO

O advento da tecnologia digital revolucionou os meios tradicionais de comunicação. A plataforma baseada em tinta e papel, anteriormente conhecida como jornal, está enfrentando grandes desafios. Em um país com uma população de 215 milhões de habitantes, o jornal de maior circulação atualmente edita apenas 60 mil exemplares. Não afirmamos que o meio impresso irá desaparecer completamente, mas está cada vez mais imerso no mundo dos bits e bytes.

A televisão aberta também está seguindo o mesmo caminho. Não consegue resistir à concorrência dos inúmeros canais de streaming e sua audiência está constantemente em declínio. Na região metropolitana de São Paulo, por exemplo, por volta das 14h, a porcentagem de aparelhos de televisão ligados varia entre 36% e 41%, e a emissora líder nesse horário, a Globo, atinge apenas 12% desse total. Os anunciantes estão cientes dessa realidade e, por isso, desejam pagar cada vez menos pelo espaço publicitário na televisão, buscando alternativas no mundo digital. Vale ressaltar que, no ambiente digital, agora pequenas e médias empresas também têm a oportunidade de anunciar, o que difere dos anúncios nas emissoras de rádio e televisão. Anunciar na internet é muito mais acessível e permite uma segmentação eficiente.

A migração dos anúncios para o streaming é tão significativa quanto a marcha dos chineses apaixonados por frango. ***"Meus filhos, sou fã de uma boa canja, eu disse canja, ouviram?", intervém a frangófila Juventina.*** Mas voltando ao assunto, é cada vez mais comum assistir ao Jornal Nacional ou às novelas das oito com o smartphone na mão. Antigamente, os telespectadores saíam do sofá apenas durante os intervalos para uma rápida visita ao banheiro e voltavam correndo para não perder nenhum momento emocionante entre o galã e a mocinha. No entanto, hoje em dia, os próprios canais de televisão anunciam que, se você quiser assistir novamente, não precisa mais esperar a reprise à tarde. Basta acessar o YouTube e assistir quando você estiver disponível e com vontade. ***"É o tal de on demand?", pergunta a inquisidora Dona Juventina.***

O YouTube se tornou a televisão do New Rádio, como o título deste capítulo sugere. A transmissão ao vivo do estúdio permite que os entrevistados participem por meio de aplicativos como Skype, Teams, Google Meet, StreamYard, entre outros, exibindo sua imagem. Alguns até se maquiam para a ocasião. Essa dinâmica requer uma coordenação meticulosa por parte dos profissionais responsáveis pelo áudio e vídeo. Nas emissoras comerciais, geralmente há um técnico de áudio na mesa de mixagem e um diretor de imagem em uma sala adjacente. Parece que o rádio se transformou em televisão!

Confira o depoimento da jornalista Livia Zanolini.

"Pera aí, meus meninos, isso é plágio. Esse é o slogan da Jovem Pan", exalta Juventina. É verdade, a empresa deu um salto qualitativo ao unificar diversas plataformas sob a mesma marca. Em alguns momentos, o conteúdo está disponível apenas em uma plataforma, como na Hora do Brasil, enquanto em outros momentos está presente em todas as plataformas possíveis. Os intervalos comerciais nem sempre são os mesmos em todas as plataformas. Existe uma clara distinção entre o que está sendo veiculado apenas em formato de áudio e o que é disponibilizado em outras plataformas, incluindo o rádio FM. Além disso, alguns programas começam a ser transmitidos primeiro no YouTube e só depois de algum tempo se expandem para outras plataformas. Essa estratégia permite alcançar e engajar diferentes públicos por meio das plataformas mais relevantes para cada um.

O YouTube também se tornou uma forma de ganhar dinheiro, é a tal monetização, na qual o próprio Google veicula anúncios no seu vídeo e, em troca, lhe dá alguns centavos.

Zé Luiz lhes diz... para assistir ao sexto episódio da websérie, que está imperdível.

Faça a leitura do QR code com seu celular ou tablet para acessar o episódio completo.

YOUTUBE: COMO ATUAR?

Este não é um manual sobre o New Rádio? Por que temos um capítulo sobre o YouTube? O YouTube não é sobre vídeos? Talvez essas sejam algumas perguntas que você esteja se fazendo neste momento. Entretanto, com base no capítulo anterior, você já tem uma ideia do porquê estamos dando mais atenção e detalhes a essa plataforma.

Você já percebeu quantas rádios estão transmitindo seus programas pelo YouTube? ***"Eu comecei a ouvir o Heródoto Barbeiro, na Nova Brasil, pelo YouTube", comenta Dona Juventina.***

Diguinho Coruja transmite seu programa de rádio, o "Programa do Diguinho", pelo YouTube. Danilo Gentili, apresentador do The Noite no SBT, disponibiliza seu programa no YouTube. Aliás, essa iniciativa o tornou o 4º maior talk show do mundo na internet.

Olha a relevância dessa plataforma. Por isso, precisamos entender os detalhes, o que é o YouTube e como usá-lo em nosso dia a dia.

Do início aos dias atuais

O YouTube foi criado em 2005 na Califórnia e adquirido logo no ano seguinte pelo Google. Fundado por Chad Hurley e Steve Chen, o YouTube surgiu para resolver o problema do compartilhamento de vídeos na internet. Os vídeos sempre geravam arquivos muito grandes, o que

Confira algumas orientações sobre o YouTube.

dificultava o compartilhamento por e-mail, que era a principal ferramenta de comunicação na época.

Já no primeiro ano de existência, a plataforma contava com 2 milhões de visualizações por dia e cerca de 200 mil usuários cadastrados. Isso considerando todos os limites da plataforma, que não permitia aos usuários fazer uploads de arquivos superiores a 100 megabytes. Atualmente, já é possível fazer uploads de arquivos superiores a 5 gigabytes.

Hoje o YouTube é considerado uma das redes sociais que mais crescem no mundo. Algumas pesquisas apontam que ele já é o segundo maior buscador do mundo, depois do Google. Isso significa que muitos internautas recorrem à plataforma em busca de informações que estejam em formato audiovisual. É mais prático e rápido do que ler longos textos.

Além disso, é bastante comum fazermos pesquisas no Google e recebermos sugestões de vídeos que estão disponíveis na plataforma de vídeos, ou seja, o YouTube.

De acordo com informações do YouTube, a plataforma também atende aproximadamente 2 bilhões de usuários por mês, está disponível em 80 idiomas e mais de 70% dos acessos ao YouTube são feitos por meio de dispositivos móveis. Além disso, a cada minuto, são carregadas na plataforma 500 horas de vídeos (os números aqui publicados podem já estar defasados no momento da sua leitura).

YouTube é uma rede social?

Sim, o YouTube é considerado uma rede social, pois permite interações entre os usuários por meio de recursos como curtidas, comentários, inscrições em canais e compartilhamento de vídeos. Essa interação gera relacionamento e é uma ferramenta própria do New Rádio para se conectar com a audiência.

A característica de uma rede social é exatamente esta: gerar relacionamento entre as pessoas. Claro que cada rede social tem sua própria característica, dinâmica, propósito e funcionalidade.

O New Rádio herdou do rádio essa característica de relacionamento com o público, desde as cartas e os bilhetes enviados pelo correio, passando pelo telefone discado, o bip, celular tijolão, até os atuais smartphones.

E para criar relacionamento com a audiência no YouTube, é necessário ter recorrência. Você deve ser frequente nas postagens. Além disso, as postagens não podem ser qualquer coisa, é necessário ter um conteúdo relevante que gere conexão e engajamento, ou seja, admiração e correlação com a audiência, esteja ela onde estiver.

Procura x oferta

Você lembra ou sabe o que são as Páginas Amarelas? Era um calhamaço de papel com folhas amarelas entregues gratuitamente pela empresa de telefonia em que se podia consultar números de telefone de pessoas e empresas. Para pesquisar um mecânico, era só abrir na letra M e consultar os números disponíveis. E provavelmente, se você está procurando por um mecânico, significa que você está precisando de um, certo?

Esse sistema é o que chamamos de PROCURA. Quando você precisa de algo, vai atrás para encontrá-lo. O Google funciona exatamente assim. Se você precisa de uma informação, acessa o buscador, digita o que deseja saber e ele mostra milhares de sites com o conteúdo que você precisa.

Além da procura, existe a OFERTA. Enquanto você está navegando em um portal de notícias, pode aparecer uma propaganda direcionada a você, mesmo que você não tenha solicitado. Isso é o que chamamos de oferta.

Um dos diferenciais do YouTube em relação a outras plataformas é o seu foco no sistema de busca (além da oferta). O Shorts, uma ferramenta do YouTube, é uma excelente maneira de promover o seu canal para o público que ainda não o acompanha.

E o que isto tem a ver com o new rádio?

É importante produzir conteúdo que sua audiência no New Rádio esteja procurando. Isso fará com que seu canal seja ainda mais acessado. Foque nas perguntas que sua audiência faz.

E quando falamos de busca, precisamos entender o SEO (Search Engine Optimization). Trata-se de uma técnica que, até então, era aplicada apenas aos websites para que fossem encontrados pelos mecanismos de busca. As mesmas técnicas podem e devem ser aplicadas no conteúdo do YouTube.

Lembrando, mais uma vez, que o YouTube faz parte do Google e muitas vezes, quando fazemos alguma pesquisa dentro do Google, ele também nos sugere vídeos que estão no YouTube.

Os 3 pilares do YouTube

O YouTube é baseado em 3 pilares: anunciante, espectador e criador de conteúdo. Caso um desses deixe de existir, será o fim da plataforma.

Entenda que o espectador também pode ser de uma New Rádio, pois no sucessor do rádio, o vídeo é uma segunda informação acoplada ao áudio. A essência é o áudio, mas agora com as imagens, há informações secundárias para contar uma história, transmitir um jogo de futebol ou apresentar um noticiário.

País sem lei

É importante entender que o YouTube, assim como outras plataformas, não é uma terra sem lei. A plataforma está sujeita às leis e à constituição de cada país em que atua.

Os direitos autorais devem ser respeitados.

Além das leis do país, o YouTube tem sua própria política de "boa vizinhança." É proibido utilizar a plataforma para disseminar discurso de ódio, cometer crimes, compartilhar pornografia ou divulgar notícias falsas. ***"Anotou aí?", pergunta Dona Juventina.***

Além disso, existe uma ferramenta chamada Content ID. Todo conteúdo que você disponibiliza na plataforma gera uma digital de reconhecimento, permitindo ao YouTube identificar se esse material está sendo reproduzido em outros canais.

É dessa forma que o YouTube identifica trilhas e/ou imagens de artistas, filmes que não podem ser utilizados sem a devida autorização. O criador de conteúdo recebe uma notificação caso o material seja duplicado ou reproduzido em outro canal sem autorização. Sendo assim, o autor pode solicitar a remoção do conteúdo.

Veja um passo a passo antes de criar uma conta no YouTube para sua new rádio:

1) **Qual é o público-alvo?**
Quem comunica para todo mundo, não comunica para ninguém.

2) **Qual a sua linha editorial?**
É sobre o que você fala.

3) **Crie uma identidade visual e sonora.**
Thumbs, banner do canal, imagem do avatar, vinheta, GC's, estilo de edição, estética.

4) **Produção do conteúdo**
São 3 etapas: pré-produção, produção e pós-produção.

5) **SEO**
Faça a devida descrição do seu conteúdo, títulos, *tags* e miniaturas.

6) **Tenha frequência**
Publique pelo menos um conteúdo por semana.

Qualidade profissional

Diferente de redes como Instagram e TikTok, que têm um formato mais voltado para bastidores, o YouTube exige vídeos com maior qualidade em termos de imagem, áudio e edição.

- Verifique a parte técnica do áudio e do vídeo.
- Avalie a sua comunicação e postura diante do microfone e da câmera.
- Invista em cursos, estudos e converse com profissionais da área.
- Considere montar uma equipe para auxiliar na produção.
- Entregue conteúdo de valor aos seus espectadores.
- Assista ao seu próprio conteúdo, ouça-o e responda sinceramente: você gostaria de acompanhar esse conteúdo? A resposta a essa pergunta ajudará a identificar os ajustes necessários a serem feitos.

- Seja crítico em relação ao seu próprio trabalho e não seja complacente na avaliação.
- Peça a avaliação de alguém que possa analisar o conteúdo de maneira imparcial.

O YouTube é como coração de mãe, sempre cabe mais um. ***"Opa, não bota a mãe no meio", estrila Dona Juventina.*** Desde que... seja algo novo, impactante, atual, e, acima de tudo: NÃO SEJA CHATO!

Vamos a mais um passo a passo:

1) **Devagar e sempre**

   Você já ouviu alguém dizer que é preciso terminar aquilo que começou? Bem, na mesma proporção em que surgem novos canais de YouTube, muitos desaparecem.

   O juiz da sobrevivência do canal é o público. Não são a mãe nem o pai que não param de achar que você é um gênio.

   As pessoas, de maneira geral, não têm paciência para ver o canal crescendo gradativamente. E o digital traz a falsa sensação de que as coisas são mais fáceis e rápidas.

   ATENÇÃO: NÃO SÃO!

   Muitos criam New Rádios empolgados, mas não obtêm os resultados na velocidade que gostariam e acabam desistindo. Se esse for, de fato, seu sonho, siga em frente. Caso contrário, considere mudar de plataforma ou de profissão.

2) **Originalidade**

   Nas redes sociais, o mais importante é ser autêntico. Começar um canal copiando e imitando outro é a pior coisa que se pode fazer. O espectador sempre terá como referência o original. Ninguém faz um programa de New Rádio no YouTube melhor do que o original. O resto está destinado a ser deletado.

   Você já viu uma cópia ser melhor que o livro original?

3) Desenvolvimento e evolução

Faça ajustes. Essas mudanças nunca acabam. Inclusive, observe a sua audiência e veja com qual conteúdo ela interage mais ou o que ela está pedindo.

Fique aberto aos novos gostos, opiniões, assuntos, acontecimentos e novidades. Na era digital, as mudanças acontecem rapidamente, e é importante estar atualizado com um simples clique no mouse ou na tela do smartphone.

4) Existe espaço?

Sim, sempre há espaço para novos canais no YouTube, desde que sejam originais e mantenham uma constância de conteúdo. Se você busca resultados imediatos, é melhor tomar um laxante ou chamar um Uber.

Conheça...

... os cursos YouTube Power Up, Mídia Training, Comunicar para Chegar Lá, Como se sair bem em uma entrevista de mídia e Como produzir seu programa de rádio e podcast através do site www.fernandovitolo.com.br.

Escolhemos estes porque são de nossa autoria e ficam mais em conta... Sabe como é.

EMPRESAS QUE POSSUEM CANAL NO YOUTUBE:

87% das empresas que possuem um canal no YouTube concordam que a plataforma os ajuda a entender seus consumidores

85% das empresas que possuem um canal no YouTube concordam que a plataforma tem desempenhado um importante papel ajudando a aumentar sua base de clientes

92% das pequenas e médias empresas que possuem um canal no YouTube concordam que estar na plataforma contribui para que clientes encontrem seus negócios facilmente

85% das pequenas e médias empresas que anunciam no YouTube concordam que os anúncios na plataforma ajudam a aumentar suas vendas

Fonte: Oxford Economics: Relatório de Impacto | YouTube Brasil 2020

Como criar vídeos do New Rádio envolventes?

- Não enrole. Seja direto e objetivo.
- Publique conteúdos que a sua audiência está buscando.
- Responda as perguntas do seu público.
- Seja dinâmico tanto na comunicação quanto na edição.
- Tenha qualidade de áudio e vídeo.
- Não fale sobre o que você não entende.
- Seja verdadeiro.
- Tenha um conteúdo relevante.

80%

dos jovens da Geração Z dizem que o YouTube os ajuda a aprender mais sobre alguma coisa

Fonte: Centro Pew de Pesquisa, maio de 2018.

Como fidelizar sua audiência no New Rádio através do YouTube?

- Não suma. Tenha recorrência.
- Lance seu conteúdo em dias e horários pré-determinados.
- Responda os comentários. Não deixe as pessoas no "vácuo". Interaja.
- Traga novidades.

Regras para bombar o new rádio no YouTube:

- Defina seu público-alvo.
- Foque no conteúdo que domina.
- Planeje.
- Pratique.
- Faça uma autoavaliação.
- Ouça as críticas.

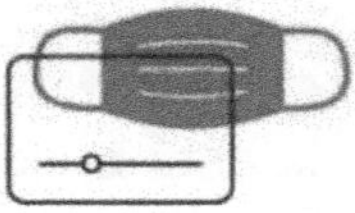

92%

dos brasileiros concordam que o YouTube tem sido útil desde o início da pandemia

85%

dos usuários no Brasil concordam que o YouTube impactou positivamente sua saúde mental e bem-estar físico desde o início da pandemia

Fonte: Oxford Economics: Relatório de Impacto | YouTube Brasil 2020

82%

dos usuários brasileiros dizem que o YouTube os deixa felizes

Fonte: Google / Talk Shoppe 2021 why Video Quantitative Insights

Confira mais alguns números:

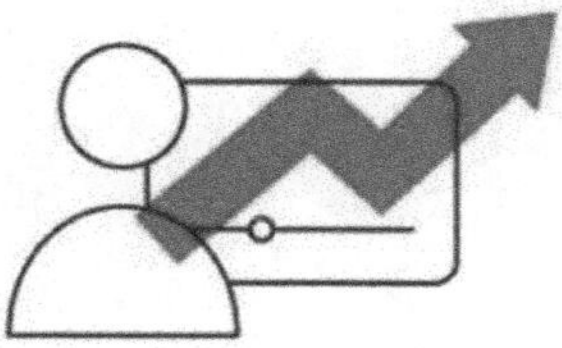

113 milhões

de brasileiros 18+ consomem o YouTube mensalmente

Fonte: Comscore VMX Multiplatform, Brasil, Adultos 18+, Conteúdo, Desktop + Mobile, maio 2021

100% dos alunos que utilizam o YouTube (maiores de 18 anos) relatam utilizar a plataforma como apoio para suas tarefas de estudo

99% dos usuários no Brasil relatam utilizar o YouTube para obter informações e conhecimento

92% dos professores brasileiros que utilizam o YouTube afirmam usar conteúdo da plataforma em suas aulas

77% dos professores brasileiros que utilizam o YouTube concordam que a plataforma contribui para o aprendizado dos alunos

Fonte: Oxford Economics: Relatório de Impacto | YouTube Brasil 2020

Podcast ou YouTube? Que tal os dois?

Um podcast do New Rádio deve ser disponibilizado não apenas nas plataformas de áudio, como o Spotify, mas também no YouTube.

Atualmente, a audiência está dispersa em diversas plataformas, e como mencionamos anteriormente neste capítulo, o YouTube alcança mais de 2 bilhões de usuários por mês.

Dá para desprezar uma potência como essa?

O poder de escolha deve ser da sua audiência. Seja multiplataforma. Disponibilize seu podcast em todas as plataformas possíveis e deixe que o público escolha onde quer ouvir ou assistir, inclusive no YouTube.

E aí, se convenceu?

ATENÇÃO

A imagem é apenas um apoio ao programa do New Rádio, mas não é essencial para compreender a informação transmitida. Os episódios da websérie que estamos incluindo ao longo deste livro, por exemplo, podem ser apenas ouvidos. Programas como os de Ana Maria Braga, Danilo Gentili e até do saudoso Jô Soares são, em sua essência, programas de rádio, como já comentado no capítulo sobre talk show.

COMO É QUE "POD"?

"Seja rápido e quebre limites. Se você não estiver quebrando nada, não está andando rápido o suficiente."

Mark Zuckerberg

Surgimento

"Afinal, podcast é rádio ou não? Não me enrola", diz Dona Juventina. Sim, porque é um fluxo, mesmo que gravado. Também pode ser transmitido ao vivo, sendo simultaneamente gravado e posteriormente disponibilizado no site.

Apesar do crescimento repentino nos últimos tempos, o podcast não é uma novidade. O formato já existe desde 2004, ano de seu nascimento.

O podcast surge juntamente com o nascimento do iPod. E o que significa podcast? ***"Explica aí, meu filho", continua a velhota.***

POD: é abreviação de "personal on demand."

CAST: é abreviação de broadcast, ou seja, a radiodifusão como já a conhecemos por conta do rádio e da televisão.

O podcast ao vivo é mais uma "jabuticaba" brasileira. O termo "on demand" pressupõe que o programa esteja gravado e disponível para o público ouvir quando desejar.

Portanto, reforçando, o podcast pode ser transmitido ao vivo e, ao mesmo tempo, gravado para acesso posterior.

José Bonifácio Sobrinho, o Boni, em seu livro, afirmou que o futuro da televisão seria predominantemente jornalístico, pois o restante da programação seria "on demand." Isso significa que as pessoas assistiriam quando quisessem, a qualquer hora e dia, sem precisar estar em um horário específico em frente à televisão para assistir a seu programa favorito. E é exatamente o que acontece na televisão e, é claro, no New Rádio, com o surgimento de diversas plataformas digitais.

O podcast pode ser ouvido ou assistido quando e onde quiser. Isso é chamado de "on demand." Uma vez feito o download, é possível ouvi-lo a qualquer hora e repeti-lo quantas vezes desejar. Graças à portabilidade, ele pode ser apreciado no metrô, na academia, à beira da piscina, na praia e em diversos outros lugares.

Em 2004, o podcast surgiu de forma discreta, com episódios curtos de até 5 minutos de duração. Isso se deve ao próprio limite da internet que tínhamos na época. Imagine ter que fazer o download de arquivos com 1 hora de duração?

Nos podcasts ao vivo, o céu é o limite, ou seja, pode durar horas. A questão é se a audiência vai ou não se manter engajada. ***"Ou aturar o seu bláblábláˮ, conclui dona Juventina.*** Por isso, é bom perguntar ao apresentador qual é o tempo de duração do programa. Já tivemos experiências em que parecia que o programa não acabava mais.

E claro, com a tecnologia disponível na época, nem todos tinham acesso aos podcasts, quanto mais produzir seus próprios programas. Com a popularização dos equipamentos de áudio e vídeo, e ainda mais com a chegada do 5G, os podcasts se tornaram mais acessíveis e viáveis para o público em geral.

A tecnologia promove a democratização do podcast

CRIATIVIDADE 23.jul.2021

57% dos brasileiros começaram a ouvir podcasts durante a pandemia, revela pesquisa da Globo

43% dos entrevistados também declaram ouvir podcasts de uma a três vezes por semana

por Pedro Strazza

Os podcasts tiveram um crescimento impressionante durante a pandemia da Covid-19, como podemos observar em pesquisas realizadas pela Globo.

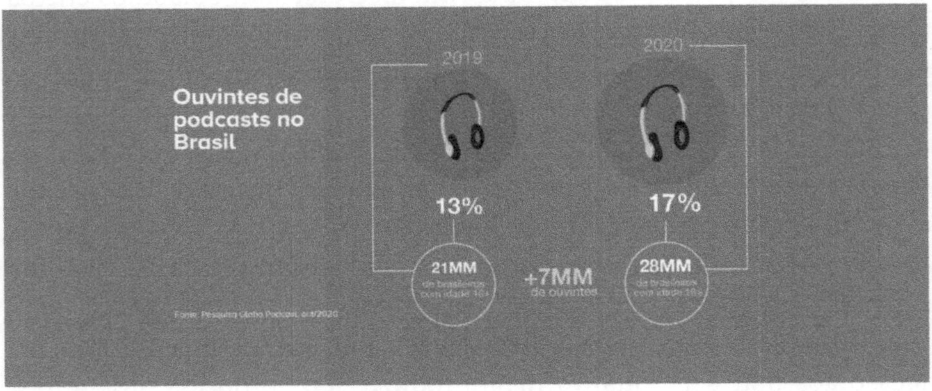

E você sabe dizer por que as pessoas começaram a consumir mais podcasts?

Em 2020, durante a pandemia, especialmente nos grandes centros urbanos como São Paulo e Rio de Janeiro, as pessoas se viram em casa em busca de atividades para realizar. Entretenimento, atualizações, notícias e, principalmente, fontes de conhecimento. Com isso, os podcasts se tornaram ainda mais populares, conquistando uma grande base de fãs na internet.

O que move o consumo?

Aprendizado, informação e entretenimento são as principais motivações para o consumo de podcasts.

Fonte: Pesquisa Globo Podcast, out/2020

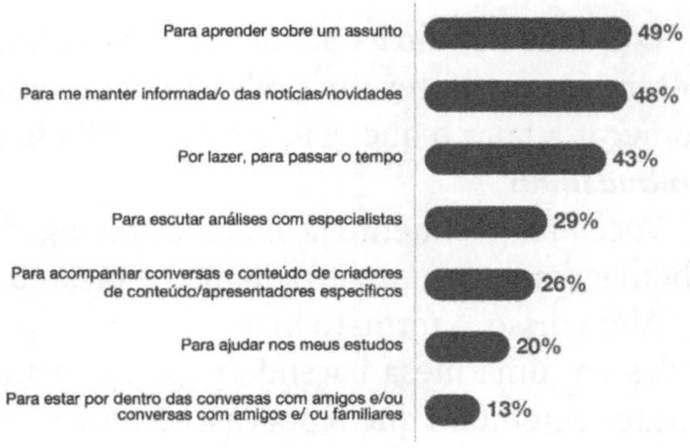

O que é o podcast?

Mas afinal, o que é de fato um podcast? O podcast é um programa do novo formato de mídia, o New Rádio. É um programa prioritariamente em áudio, o que tem se tornado cada vez mais relevante em nossos dias.

O podcast também pode incluir imagens. De fato, você pode acompanhar o podcast no YouTube. Todavia, o áudio é o elemento principal e a imagem é uma adição complementar ao podcast.

Você já percebeu que é muito mais incômodo assistir a um vídeo com problemas no áudio do que com problemas na imagem? ***"Faça o teste", acrescenta Dona Juventina***.

Perceba o que as pessoas fazem ao assistir a um vídeo com áudio ruim. Elas forçam os olhos, semicerrando-os um pouco, como se estivessem sentindo dor. Na realidade, o que as pessoas estão fazendo é tentar concentrar sua audição. Isso não ocorre quando o áudio está perfeito, mesmo que a imagem tenha problemas.

Portanto, na parte técnica da produção de seus podcasts, recomenda-se investir em bons equipamentos de áudio.

Sua audiência pode estar apenas ouvindo o seu conteúdo de dentro do carro, no Spotify, com o celular conectado ao sistema do carro via Bluetooth.

Como fazer um podcast?

O grande desafio da popularização e facilidade é que muitas pessoas entendem que fazer um podcast é simplesmente abrir o microfone e começar a falar o que vem à mente. ***"Pode se dar mal", alerta nossa ombudsman.***

Você provavelmente já viu casos divulgados pela mídia em que essa abordagem deu muito errado, não é mesmo?

Além disso, o formato mais popular de podcasts é o de pessoas sentadas em uma mesa batendo papo. No entanto, é ainda pior quando muitos acreditam que o podcast se resume apenas a isso: bater papo.

Para evitar o pior, leia as 10 pragas do podcast

Essas pragas irão nos guiar ao longo da jornada do podcast e nos ajudar a entender como produzir de maneira eficiente, fornecendo conteúdo relevante para nossa audiência.

O conteúdo abaixo também pode e deve ser aplicado em qualquer plataforma, como Instagram, TikTok, YouTube, Facebook, X e outras que possam surgir.

Ao se preparar para publicar qualquer conteúdo, é importante avaliar estas pragas como um guia.

1ª PRAGA: Não ter um objetivo

Como vimos, com a popularização dos podcasts, muitas pessoas passaram a produzir seus próprios programas. Mas com qual objetivo?

Muitas pessoas observaram os podcasts populares, com grandes audiências, e entenderam que essa seria uma boa maneira de se tornarem relevantes na internet, ou, em outras palavras, ficarem famosas. ***"Eu não preciso disso", alerta Dona Juventina.***

Confira algumas orientações sobre podcast.

Quando você decide criar um programa com o objetivo de oferecer um conteúdo específico para determinado público-alvo, é importante se perguntar: qual é o meu objetivo com esse podcast?

O que você espera alcançar com o seu programa? Deseja que as pessoas mudem determinado comportamento? Aprendam a utilizar uma ferramenta específica? Conheçam uma nova lei?

Você está planejando fazer um programa de podcast? Então defina qual é o seu objetivo.

2ª PRAGA: Não ter preparo

É interessante observar que, ao produzir um programa de televisão, rádio, jornal ou até mesmo conteúdo para uma revista, as pessoas se preparam intensamente. Por que seria diferente com um podcast?

Ao publicar conteúdo em qualquer plataforma, especialmente na internet, é necessário um preparo adequado. A responsabilidade é significativa.

Você já parou para pensar nas consequências de compartilhar informações falsas? Ser rotulado como disseminador de notícias falsas é algo sério.

"Não é por acaso que os podcasts mais confiáveis são aqueles criados por pessoas que se prepararam", destaca Dona Juventina.

Se você deseja iniciar seu próprio podcast, então prepare-se, estude e enfrente os desafios com determinação.

3ª PRAGA: Não ter um nicho ou tema

É cada vez mais importante, especialmente nesse mar de podcasts, ter um nicho ou tema definido para o seu podcast.

Ao encontrar um nicho específico, você atrai uma audiência qualificada. Isso permite que você se mantenha e fale continuamente sobre aquele assunto específico, encontre as pautas mais relevantes e até mesmo atraia patrocinadores. Afinal, quem paga pelos custos de produção?

exame.

Assine Entrar

Bússola

Um conteúdo Bússola

Home › Bússola

Pesquisa inédita mostra que publicidade em podcast é tendência e funciona

Podcast é capaz de atrair uma audiência altamente engajada e receptiva à publicidade, aponta pesquisa

Modo escuro

IAB Brasil e Offerwise divulgam estudo "A influência da publicidade digital no universo dos podcasts" (Thomas Sanson/AFP/Getty Images)

Bússola
Publicado em 29 de novembro de 2021 às, 17h06.
Última atualização em 29 de novembro de 2021 às, 17h19.

4ª PRAGA: Não ter pauta

Evidentemente, quando você não tem um nicho ou um tema definido para o seu podcast, também não terá uma pauta para o episódio que será produzido. O público encontra dificuldade em encontrar o assunto que aprecia se o podcast muda constantemente de tema.

A pauta é o que guia o conteúdo que será apresentado em um episódio. Por exemplo, se você convida um entrevistado para participar de um podcast no formato de entrevista, o que você irá perguntar?

O caminho mais comum é o estilo "freestyle." Ligar o microfone e começar a perguntar e falar o que vem à mente. ***"Isso é loucura", aconselha a velhinha.***

Isso é tão frequente que, na maioria das vezes, o mesmo convidado que aparece em vários outros podcasts acaba respondendo às mesmas perguntas.

Não seja e não convide um entrevistado que sabe tudo.

Ao criar a pauta, é interessante assistir a outras entrevistas em que seu convidado tenha participado e tentar fazer perguntas que ainda não foram feitas. Torne seu episódio único.

Será que ele é a pessoa certa para falar sobre determinado tema? Se não for, a culpa não é dele, é sua.

Não aceite convites de qualquer plataforma que não especifique qual será a pauta da entrevista.

Aceite ser entrevistado apenas se souber qual será o tema proposto.

Não vá apenas para aparecer. Isso destrói a credibilidade.

Por fim, a pauta definirá o começo, o meio e o fim para o seu programa, permitindo que sua audiência compreenda um assunto específico.

5ª PRAGA: Falar sem conhecer o assunto

Quando você realiza um programa sem pauta, pode correr o risco de falar sobre algo que não conhece, não domina e acabar dizendo algo sem embasamento.

Quando se está transmitindo conhecimento e informações para uma audiência específica, é necessário compreender profundamente o assunto sobre o qual está falando.

Esse é um ponto crucial ao criar o seu programa. Além disso, se você for participar de algum programa como convidado, evite o erro de falar sobre algo que não entende, não se preparou ou não domina.

Você pode perder o que existe de mais importante: a credibilidade.

6ª PRAGA: Não saber para quem está falando

Quando você não tem um objetivo, um nicho, um tema ou uma pauta definidos, dificilmente saberá para quem está falando. Sem conhecer seu público-alvo, sua comunicação se torna ineficaz. ***"Talvez seja melhor considerar mudar de profissão, meu filho", aconselha Dona Juventina.***

Entender o seu público-alvo proporcionará a dinâmica necessária para prender a atenção da audiência e criar engajamento.

Além disso, você pode gerar interação com seu público para descobrir quais outros temas podem ser abordados em seu podcast.

Compreender o seu público significa definir sua faixa etária, classe social, locais onde eles ouvem seu podcast (no carro, durante atividades físicas, em tarefas domésticas, enquanto trabalham em frente ao computador, no transporte público), seus interesses, outros programas que acompanham, e assim por diante.

Todas essas informações fornecem subsídios para uma melhor comunicação com a audiência, além de ajudar na busca por patrocinadores e anunciantes.

7ª PRAGA: Acreditar que podcast só é feito com bate-papo

O formato de bate-papo se popularizou entre os podcasts, mas não é o único formato existente.

Além das entrevistas, há também narrativas com histórias reais, mesas redondas, reportagens aprofundadas, resumos diários ou semanais, histórias de ficção e até monólogos.

E, acredite, profissionais estão resgatando as radionovelas. ***"Isso mesmo, quando eu era jovem, adorava as radionovelas, principalmente as românticas", sussurra a intrometida.***

Você se lembra de mais algum formato?

8ª PRAGA: Escolher convidados com base no número de seguidores

Vamos convidar o Zé das Couves para o nosso podcast? Antes disso, é melhor verificar quantos seguidores ele tem nas redes sociais.

Esse é um dos principais erros cometidos pelos produtores de podcast: convidar pessoas com base no número de seguidores delas nas redes sociais, em vez de considerar o conteúdo que desejam oferecer à audiência.

Os produtores acreditam que ao fazer isso, aumentarão sua audiência e o número de seguidores ou inscritos em seus canais. ***"Isso é chamado de 'voo de galinha'", cacareja dona Juventina.***

Você já viu uma galinha voando? Ela dá um pulo alto e cai logo em seguida. É exatamente isso que acontece com os podcasts que se preocupam em abordar um assunto da semana, uma polêmica, uma lacração ou convidar alguém apenas com base nos números de seguidores.

Você pode ter um pico de audiência em determinado episódio, mas perceberá que isso não se sustenta em longo prazo. Não é uma curva crescente. A audiência que chega está interessada naquela polêmica específica ou naquele convidado em particular, e não no conteúdo regularmente publicado por você.

Outra armadilha é explorar casos bizarros. Isso pode gerar um pico de audiência, porém é algo que não se sustenta.

9ª PRAGA: Trazer o mesmo convidado que aparece em todos os outros podcasts

Após ler tudo isso, você já deve ter percebido que a maioria dos podcasts disponíveis na internet têm a mesma abordagem, ou seja, tudo parece igual. Todos tentam seguir uma fórmula comum.

No entanto, essa é a maneira mais rápida de fracassar.

Os produtores convidam o mesmo personagem que está aparecendo em todos os lugares. Você já deve ter notado que uma pessoa está sendo convidada para vários podcasts consecutivamente. A cada semana, o convidado está em um podcast diferente.

Além da repetição do convidado, como ninguém planeja a pauta, as entrevistas se tornam repetitivas e sem atrativos.

As mesmas perguntas geram as mesmas respostas.

10ª PRAGA: Não ter hora para terminar

Uma das maiores reclamações do público é a falta de um horário definido para o término do podcast. Geralmente, há um horário para começar, mas não há um horário definido para encerrar. Já alertamos sobre isso anteriormente

O podcast deve ter uma duração adequada para concluir a pauta e abordar o assunto. Nem mais, nem menos. Não deve ser prolongado sem necessidade, nem deve tirar a essência do conteúdo.

Quem disse que o podcast não precisa ter um horário para terminar? O Batman? Não, foi a Dona Juventina!

Aliás, você já conhece o podcast NEH! (Negócios e Empreendedores Históricos)? É um programa apresentado por dois dos autores deste livro que você está acompanhando. NEH! Traz histórias de marcas e personalidades que fizeram história no mundo dos negócios. Conheça o programa por meio do QR code abaixo:

Qual o futuro dos podcasts no Brasil?

Conforme mencionado anteriormente, os podcasts passaram de pouco conhecidos para extremamente populares, e muitas pessoas estão buscando iniciar uma carreira nesse segmento.

> **NOTA: O Governo de Espanha reconhece o podcast como indústria cultural e destina 160 milhões do PRR a empréstimos com condições vantajosas para o setor de áudio espanhol (Riaño, 2023).**

De acordo com Lopes (2023), o Brasil tem mais de 39 milhões de ouvintes, o que o coloca como o terceiro maior consumidor desse formato no mundo. Além disso, a pesquisa também estima que até 2024, o podcast atingirá cerca de 23,5% da população, popularizando-se ainda mais.

Alguns especialistas acreditam que o formato pode perder força para os vídeos curtos, como aqueles utilizados no Instagram e no TikTok.

No entanto, como temos discutido em nosso manual, essas plataformas e formatos são complementares ao New Rádio e não excludentes. ***"Mais amor, menos guerra", como diria Dona Juventina.***

E você, qual é a sua opinião?

O MUNDO DO WHATSAPP

"Não leve tudo muito a sério. Se você quer viver sua vida de maneira criativa, como artista, você não precisa olhar tanto para trás."

Steve Jobs

O WhatsApp mudou a relação entre emissor e receptor, tanto para o FM como para o New Rádio. Ele proporcionou um impulso significativo, permitindo que a audiência possa influenciar diretamente na programação, uma vez que transporta áudio, imagem e texto. O som pode ser divulgado no programa que está no ar, assim como no canal de YouTube da emissora, e o texto pode ser compartilhado no site. ***"Meu filho, esse tal de zapzap parece um boi, não se perde nem o berro", intervém Dona Juventina.***

Antes que ela comece a falar do passado novamente, o velho e bom telefone no estúdio foi, respeitosamente, colocado no museu da emissora. Com seu aparelho de discagem e fio colorido, durante mais de 80 anos de rádio, ele foi uma peça importante para a programação. Alguns apresentadores corriam o risco de colocar os ouvintes ao vivo no ar. "Dá mais emoção", diziam, "interage melhor com o público." De fato, a emoção era maior quando o ouvinte ofendia o presidente, o governador, o prefeito e até o dono da emissora. Há casos e casos sobre essa prática em estações de todo o Brasil.

ÁLBUM DE FIGURINHAS - PARTE 8

NENETO CAMARGO
Diretor da Rádio Alpha FM.

OLGA BONGIOVANNI
Apresentadora e jornalista.

PAULA MORAES
Locutora.

PEDRO VAZ
Jornalista e professor universitário.

RAFAEL RIGHINI
Maestro, radialista e professor universitário.

RAPHAEL RIANELLI
Publicitário.

RAPHAEL THEBAS
Jornalista.

REINALDO GOTTINO
Jornalista.

LEIA O QR CODE PARA TER ACESSO AOS DEPOIMENTOS.

A linha física carregava a transmissão de futebol na cabine dos estádios, o microfone do repórter de campo e as transmissões de templos e igrejas ao vivo. Eram as linhas dedicadas, que eram permanentes ou solicitadas à companhia telefônica local mediante pagamento. Se ela falhasse, tudo ia por água abaixo.

Nas mesas de som dos estúdios, geralmente, tinham dois híbridos, pequenos aparelhos responsáveis por injetar o áudio na mesa. Com isso, era possível até promover um debate entre duas excelências sobre a influência dos raios lunares nas plantações de couve. Enfim, não se pode avaliar o período do on air sem mencionar a linha física do telefone.

As simpáticas vinhetas com o número disponível para o ouvinte eram usadas à exaustão, grudando em sua memória. Eram uma ferramenta para consolidar a audiência. Geralmente, eram antecedidas por vinhetas cantadas com o nome do apresentador e do programa. ***"Eu me lembro de pelo menos meia dúzia delas, que posso cantar para vocês na hora do almoço", festeja a velhota Juventina.***

A outra forma de comunicação era a carta. Um envelope contendo uma mensagem, fechado com cola e cuspe, com selo colado também com a mesma matéria-prima, escrita com uma caneta Bic presidencial. O carteiro despejava caixas de cartas nas portarias das maiores empresas de rádio, e a produção se incumbia de armazená-las em uma sala de arquivo no fundo do edifício. A maior parte das cartas jamais era lida. No final do ano, tudo era vendido a peso de papel para reciclagem.

No entanto, o telefone físico e as cartas eram instrumentos de promoção, sorteios para impulsionar ou consolidar a audiência. Alguns comunicadores pediam à produção que selecionasse algumas cartas para serem lidas no ar. Em seguida, tocavam as deliciosas vinhetas com o número do telefone e o endereço da rádio. Alguns liam a "carta do dia", com uma história sentimental, um romance destruído, uma traição, a perda de um ente querido. Era um quadro que se estendia por pelo menos uma hora, com muitas reviravoltas, fundo musical e uma narração cheia de emoção, sorrisos ou dor. Para dar cor à história contada na carta do dia, que na realidade era produzida pelo produtor do programa, que se sentava diariamente à máquina de escrever e, em seguida, ao computador para inventar a história, o herói, a heroína, a polícia. Era pura ficção.

O New Rádio trocou toda essa maravilhosa tecnologia pelo celular e pelo WhatsApp. Eles desempenham a mesma função, porém de maneira melhor, mais rápida e barata (e gratuita). Ainda colocam ouvintes no ar, os riscos são os mesmos, e as mensagens são lidas no smartphone do apresentador. As tecnologias digitais também revolucionaram a interação entre emissor e receptor. O aplicativo oferece uma série de novos serviços para a programação e permite até a realização de enquetes sobre assuntos polêmicos.

COMO VIRALIZAR?

"Comédia não é feita com alegria. É válvula de escape para você tentar rir de uma coisa que pode te ferir. É tábua de salvação."

Danilo Gentili

O que é um conteúdo viral? É aquele que se espalha de maneira orgânica, como um vírus, semelhante à Covid-19. Ele é transmitido de uma pessoa para outra, passando por famílias inteiras e chegando aos colegas de trabalho. A viralização pode atingir uma velocidade geométrica, aumentando exponencialmente o alcance do conteúdo. Não se sabe ao certo qual é o limite desse processo de disseminação.

Um conteúdo viral se espalha à medida que as pessoas curtem e compartilham. Com o tempo, ele pode alcançar milhões de visualizações. No entanto, é importante não confundir viralização com audiência.

Um exemplo é o canal Porta dos Fundos, que conta com mais de 17 milhões de inscritos no YouTube. Os episódios do canal têm uma média de 800 mil visualizações por conteúdo. Isso é audiência.

Obter uma marca viral expressiva pode contribuir e até impulsionar a audiência de uma New Rádio. É como um impulsionador de uma missão à Lua, que se esgota rapidamente e cai no oceano, enquanto a cápsula continua avançando em direção ao seu destino.

Conteúdo viral é efêmero e passageiro. Se ocorrer uma viralização, é importante aproveitar a oportunidade para fortalecer a marca, nome ou endereço na web.

Não existe um sistema, fórmula ou método garantido para criar conteúdo viral. O que existe é um método para criar conteúdo recorrente, com a esperança de que ele se torne viral.

É contraditório sentar e planejar como fazer um conteúdo viral. A viralização ocorre quando se produz um bom conteúdo e se tem o momento certo.

Tanto áudio quanto vídeo têm potencial para se tornarem virais. No entanto, ninguém no planeta pode prever a "viralidade." Alguns conteúdos postados com a intenção de se tornarem virais não alcançam esse objetivo, enquanto muitas coisas que se imaginava não terem potencial acabam viralizando.

Até o momento, não há uma fórmula definida para transformar um conteúdo em viral. Existem inúmeros fatores envolvidos, muitos dos quais são inexplicáveis. A busca pela viralidade deve ser uma meta, e usar todo o conhecimento disponível é uma tarefa diária para o New Rádio.

Conteúdos de qualidade, questões relevantes, humor, sagacidade, coberturas amplas e fatos relevantes e inéditos têm mais possibilidade de se tornarem virais.

O ESTRESSE DAS REDES SOCIAIS

O New Rádio navega pelas redes sociais, mas isso não significa que não possa também transitar pelas ondas eletromagnéticas. O campo digital precisa ser cuidadosamente cultivado por todos os envolvidos na programação, desde o gerente de vendas até o comunicador, produtor e outros indivíduos. Ficar conectado às redes 24 horas por dia pode não trazer benefícios, mas sim causar transtornos emocionais e psíquicos que podem levar ao fracasso em vez do sucesso.

O estresse, agora conhecido como "burnout", é um exemplo disso. Os psicólogos o resumem como irritação diária, reclamação constante, falta de criatividade, dificuldade em improvisar, relacionamentos difíceis com colegas de trabalho e excitação excessiva, entre outros sintomas.

Em uma atividade dinâmica como a exigida pelo New Rádio, é importante acalmar a mente. No livro "Budismo", mencionado no final, há algumas dicas que podem ser úteis. Não se trata de uma questão religiosa, mas sim de uma prática desenvolvida no Zen. Não é necessário raspar a cabeça ou usar um manto amarelo. Basta meditar alguns minutos por dia. Que tal reservar 15 minutos de manhã e 15 minutos no final da tarde ou à noite? Alguns praticantes fazem isso enquanto caminham ou praticam esportes.

A insegurança gerada pela concorrência desenfreada, tão comum na sociedade digital atual, e a forte pressão por resultados, seja em termos de audiência ou de receita, contribuem para o burnout. O sofrimento se intensifica quando há apego. O que você fará se parar de trabalhar no New Rádio? Livrar-se desse apego e abrir-se para novas perspectivas em outros campos pode ser muito útil.

Competir não significa tratar o talento alheio como inimigo. Trata-se apenas de ter um adversário, que não deve ser odiado nem temido. Ele é apenas mais uma pessoa que, como você, busca seu lugar ao sol, ou melhor, na tela.

A leitura de aventuras, romances, livros de autoajuda, obras religiosas, física quântica e outros conhecimentos gerais ajuda a mente a sair da rotina do trabalho. Isso não é perda de tempo. Que tal ler "Os Pilares da Terra", de Ken Follett?

Manter a mente sob controle ajuda a entender que você não é a última Coca-Cola do deserto, nem o campeão eterno dos likes da audiência. Para ser criativo no programa é preciso apreciar o mundo, a sociedade e as coisas boas que nos cercam. Afinal, o programa é apenas uma pequena parte disso. Se você não está bem com a vida, que tipo de mensagem direta ou indireta transmitirá para a audiência?

Lembre-se: ninguém é criativo 24 horas por dia, nem mesmo seu concorrente. ***"Eu sou", brinca Dona Juventina.*** Além do New Rádio, o que mais você faz? As pessoas mais ocupadas são as que têm mais tempo disponível. Faça trabalho voluntário, participe de festas com amigos e familiares, vá à academia, ao cinema, ao teatro, ao shopping, tenha um sítio, faça caminhadas todos os dias...

Há quanto tempo você não tira uma pausa? Uma viagem mais longa, uma semana de descanso, um mês de férias... Pelo menos faça uma parada rápida no final do ano para recarregar as energias, como alguns dizem.

A preocupação com o burnout não é apenas individual. As empresas de New Rádio também devem ter programas de apoio psicológico para contribuir com a saúde mental da equipe. O afastamento por doença afeta a audiência, desorganiza a equipe, impacta a programação e diminui a remuneração dos acionistas, antigamente chamada de lucro.

Todos devem entender que o ambiente digital atual é ainda mais instável. A concorrência aumentou exponencialmente, e a competição se intensificou. Essa é a paisagem atual. No entanto, isso não significa que você deva perder o sono, brigar com os amigos, se afastar da família ou deixar de ir ao estádio torcer pelo seu time do coração.

Esteja preparado para iniciar uma nova carreira se as coisas não derem certo no New Rádio. Para isso, é necessário se preparar gradualmente. Não se feche apenas no que você faz atualmente. Diversifique suas habilidades. Adquira novas. Saia da cadeira. Mova-se. Tire a garganta do microfone e os olhos da câmera. Não se iluda com sua imagem nas redes sociais. Se perceber que está na zona de conforto, tire o sofá da sala. Apenas nesse caso, hein?

Confira o depoimento do David Wilson, Psiquiatra, Psicanalista, Instrutor de Mindfulness e com Doutorado em Biomarcadores do Estresse.

Esteja preparado caso surjam novas oportunidades. Elas não avisam quando vão acontecer. Fique atento. Dissemos "atento", não desesperado.

Escolha os objetivos que deseja conquistar, mas não tente alcançar todos de uma vez. Pesquise sobre a história dos irmãos Horácios na Roma antiga. Navegar é necessário... Irradiar é necessário, mas VIVER É PRECISO. Se você não está feliz, não espere a banda passar, pegue seu boné e diga adeus...

Importante

O que vemos nas redes sociais é apenas um recorte da realidade. Personalidades, influencers, artistas e pessoas em geral tendem a postar principalmente as coisas boas, as conquistas e vitórias. É raro vermos pessoas compartilhando suas dificuldades, desafios e derrotas. Portanto, não faça comparações com base no que você vê nas redes sociais. Lembre-se de que isso representa apenas um recorte seletivo da realidade.

Confira o depoimento do David Wilson, Psiquiatra, Psicanalista, Instrutor de Mindfulness e com Doutorado em Biomarcadores do Estresse.

A ERA DOS INFLUENCERS

"Os fazedores são os maiores pensadores. As pessoas que criam e mudam a indústria são pensadores e fazedores em uma só pessoa."

Steve Jobs

Acabou o oligopólio. Hoje, qualquer um pode produzir seu próprio conteúdo e, se tiver sorte, ganhar uma alta audiência do dia para a noite. Esses são os influencers. Eles também fazem parte do New Rádio, liderando por assuntos e geralmente sendo apresentadores com credibilidade perante seu público. Os assuntos abordados são os mais variados, desde jornalismo, moda, comportamento, sexo, história e muitos outros. Os influencers têm o poder de ditar modas e comportamentos, daí o nome "influencers." Embora não seja um fenômeno novo na comunicação, ganhou outra amplitude com a tecnologia digital.

Quantos influencers foram descobertos graças ao maravilhoso mundo do New Rádio?

Assim, surge o termo "influencer", que se refere a profissionais que ganham a vida publicando seu conteúdo e influenciando sua audiência. Os influencers também são conhecidos como "creators" ou criadores de conteúdo.

Isso não é novidade, é apenas uma "nova roupagem" para o que já conhecíamos anteriormente como apresentadores, atrizes, músicos, radialistas e jornalistas que estavam em evidência na mídia.

Muitos apresentadores desconhecidos ganharam uma grande audiência graças às novas tecnologias, atingindo muitas pessoas e sendo prestigiados por elas.

De maneira geral, todos nós somos influenciadores. Cada um tem seu próprio micro e macro ambiente. Pais influenciam filhos, professores influenciam alunos, líderes influenciam colaboradores e assim por diante. A diferença está no alcance de uma plataforma digital, na abertura para o público e na capacidade de transformar o conteúdo em um produto vendável.

E como o influencer pode ganhar dinheiro? Através da publicidade. Marcas e empresas patrocinam os influencers para se apresentarem para a audiência daquele profissional. Eles testemunham a qualidade do produto ou serviço e garantem sua credibilidade. Tornam-se verdadeiros avalistas do produto ou marca que estão promovendo.

E um jornalista pode ser um influencer? Ele pode ser patrocinado por uma marca? Sim, como existe o jornalismo de opinião, o jornalista pode ser considerado um influencer. No entanto, ele não deve receber patrocínio pessoal, pois isso pode gerar conflito de interesse e consequentemente comprometer sua credibilidade.

Fique atento

- Cada vez mais, influencers estão liderando talk shows no New Rádio.
- Geralmente, eles são mais jovens do que os apresentadores tradicionais, mas a idade não é um fator decisivo.
- Se eu não gosto da música que está tocando, troco de emissora, e os influencers sabem disso. Eles estão atentos para representar o gosto do seu público.
- É necessário treinar o timing da condução do show, mesmo sendo um influencer de sucesso. Não basta ter talento, há um trabalho árduo por trás do programa.
- É preciso ousar sempre. Os candidatos a influencers correm o risco do sucesso ou do fracasso com uma rapidez própria da era digital.
- O influencer está sempre focado nos desejos do seu público. Qualquer deslize pode resultar na perda de audiência.
- Não se esqueça de que a concorrência pela audiência está ainda mais intensa. É uma selva de apresentadores/influencers, onde nem todos sobrevivem.

PISANDO EM OVOS NA WEB

"Criatividade é apenas conectar as coisas."

Steve Jobs

Como já mencionamos anteriormente, com a transição do rádio para o New Rádio, não se trata apenas de uma mudança quantitativa. Não é apenas a troca das ondas magnéticas pelos bits e bytes, do dial pelo streaming. É uma mudança qualitativa que envolve a adição de novas plataformas, suas diversidades, sua capacidade global e seus perigos. Vamos listar alguns deles para que você possa dar uma olhadinha de vez em quando.

- Lembre-se de que tudo o que você posta na web está disponível para o público, a menos que seja especificamente marcado como privado.
- As fronteiras entre vida pessoal e profissional se misturam online.
- Aqueles que trabalham em empresas de comunicação devem entender que, mesmo ao publicar suas opiniões em suas redes privadas, elas são associadas ao veículo de comunicação no qual trabalham ou representam. ***"Na minha New Rádio, eu aviso que as opiniões dos convidados não necessariamente refletem a opinião da emissora", alerta Dona Juventina.***
- Você não deve postar qualquer conteúdo, som, imagem, texto ou infográfico anonimamente. Não deve usar avatares ou apelidos que não o identifiquem como produtor de conteúdo e suas respectivas plataformas pessoais.
- ***"Você é responsável por tudo o que diz", conclui a blogueira Juventina.***
- Tenha cuidado ao postar áudios, vídeos, fotos e outros conteúdos nas mídias sociais que possam causar embaraços pessoais ou afetar sua carreira.
- Quando se trabalha para uma emissora, está-se ligado a ela 24 horas por dia, esteja ou não nos programas. Isso se aplica

tanto para aqueles que estão na frente quanto nos bastidores dos microfones e câmeras de vídeo.

- É vital lembrar de proteger sua marca pessoal ou a marca da emissora, não importa em qual plataforma.
- O que for postado nas plataformas da web deve ter a mesma credibilidade do conteúdo do programa apresentado regularmente no New Rádio. Essas são algumas orientações que podem ser exploradas com mais detalhes no livro "Beyond Powerful Radio", listado no final deste livro.

A ERA DO CANCELAMENTO

"Politicamente correto nunca é sobre o que se fala e sempre sobre QUEM fala."
Danilo Gentili

Não se consegue agradar a todos o tempo todo, como diz Dona Juventina, a ombudsman deste trabalho. Algumas pessoas podem não gostar de você ou do que você diz, e isso faz parte do jogo. É importante avaliar todas as críticas recebidas e agradecer por elas, pois muitas vezes as críticas são oportunidades para melhorar.

Vivemos em uma era de cancelamento. Mas o que é cancelamento? É mais uma criação do mundo digital atual, onde as pessoas pegam "tochas" e decidem anular determinada pessoa, empresa ou marca nas redes sociais. Isso ocorre como uma reação imediata quando não concordam ou não gostam do que ouviram. Um exemplo disso é o caso do Sleeping Giants.

Logicamente, isso pode influenciar outras pessoas e provocar uma reação em cadeia. Ou simplesmente se perder no espaço cibernético, como acontecia no passado, quando se mudava de emissora ou simplesmente desligava o rádio.

Pode haver ataques em suas redes sociais, vindos de pessoas com as quais você está conectado, patrocinadores, marcas, emprego e assim por diante.

O cancelamento geralmente não se mistura com ataques pessoais, calúnias ou envolvimento de pessoas inocentes. É importante lembrar que não gostar de algo pressupõe respeito e limites legais. O pior cenário é acabar na justiça com acusações de calúnia, injúria e difamação.

Ao avaliar com cuidado, muitos cancelamentos ocorrem porque a pessoa emitiu sua opinião sobre algum assunto polêmico e controverso. É um risco que existe desde que as comunicações se popularizaram.

É necessário assumir a responsabilidade pelas opiniões expressas. "Não era exatamente isso que eu queria dizer..."

Não subestime a audiência em momento algum. A resposta é imediata nos chats e em outras formas de interação.

Se você cometer algum erro, assuma-o o mais rápido possível e corrija-o imediatamente. Se necessário, dê espaço para a pessoa afetada se manifestar. Não entre em debates com ela. O direito de resposta é sagrado e traz credibilidade.

A imposição de um ponto de vista polêmico, geralmente acompanhada de empáfia, arrogância e a sensação de ser o dono da verdade, pode levar ao cancelamento.

Ainda assim, como estratégia de audiência, muitos programas procuram tratar de assuntos polêmicos, controversos, fofocas sobre a vida dos artistas e lacração.

No curto prazo, é possível obter picos de audiência, mas isso geralmente não se sustenta no longo prazo. São os famosos "voos de galinha", que não duram muito tempo.

Algumas sugestões para evitar o cancelamento:

- Não fale mal das pessoas.
- Fale somente sobre assuntos que você domina.
- Evite temas polêmicos.
- Saiba se expressar.
- Estude, leia, pense.

Se ocorrer um cancelamento:

- Peça desculpas.
- Seja humilde e assuma os erros.

- Recorra a uma empresa de gerenciamento de crise.
- Reorganize o programa e faça uma autocrítica.

"Quem faz erra, quem não erra enche o saco."
Fernando Vítolo

UM AVATAR NO ESTÚDIO

"Já somos ciborgues. Seu telefone e seu computador são extensões suas, mas a interface é feita por meio de movimentos dos dedos ou da fala, que são muito lentos."
Elon Musk

O avatar está no estúdio do New Rádio que mais se identifica. Senta-se ao lado do apresentador, escolhe o que quer ouvir, comenta as publicidades digitais que pululam por todos os lados e o estúdio está em um universo paralelo. Em um metauniverso. Graças às novas tecnologias e equipamentos tudo é possível na comunicação interativa. Tudo está em constante mudança e as novas ferramentas não param de chegar. É um negócio disruptivo, ou seja, destrói o que funcionou até agora e cria oportunidades. Uns saem do mercado, outros entram. Alguns lamentam, outros aplaudem.

Conquistar o público e se ligar nas mensagens é um grande desafio, uma vez que a audiência se concentra em nichos e não mais aberta como até recentemente. A segmentação é levada às suas últimas consequências. Graças às tecnologias convergentes tudo muda com a inteligência artificial, os bots sociais, a computação quântica, o comando de voz, o e-commerce, a assistência virtual e por aí vai. A nova rede mundial de internet se espalha pelo mundo e um conjunto de satélites vai espalhar o wi-fi em todo o planeta.

Afinal, de onde surgiu essa figura do avatar?

Ela vem da tradição hindu. O deus Vishnu, responsável pela perenidade de todas as coisas, habitante de outro planeta, acompanha passo a passo a sociedade humana. Se há distúrbio, instabilidade, lutas e outros fenômenos, ele intervém diretamente. Torna-se um avatar, vive no planeta Terra e põe as coisas em seu lugar. O mais conhecido é Krishna.

Graças ao apoio de óculos, fones, chips e implantes é possível viver nessa realidade digital paralela. A pessoa cria o seu próprio avatar e vai para lá. Sai a bipolaridade do seu corpo físico para a multidimensionalidade. Tudo é possível para o avatar, escolher roupa, comida, casa, carros, aviões, ter superpoderes, criar suas próprias escolhas artísticas, enfim, abre-se também um mundo de novos negócios. O avatar interage com outros como se vivesse no mundo físico.

"É senso de presença individual e com continuidade do mundo físico, como identidade, história, direitos, objetos, comunicações e pagamentos."

Henrique de Campos Júnior, Professor da FGV

De fato, a tecnologia muda com tanta velocidade que é necessário um avatar para regular o acesso das tarefas cotidianas, como ouvir o New Rádio. As possibilidades já estão à disposição do New Rádio, que acompanha e usa as tecnologias mais avançadas para alcançar o público.

Ficção ou realidade? Pergunte ao Zuckerberg.

O metaverso já é uma realidade e não se pode escapar dela. Reproduz a saga de Édipo diante da Esfinge: decifra-me ou devoro-te. Esse é mais um desafio do áudio, do New Rádio. Em resumo, o metaverso é um espaço virtual que mistura internet com a realidade aumentada para que as pessoas tenham experiências reais de estar fisicamente em algum lugar, que pode ser um estúdio do New Rádio. Participar da produção, interagir com o apresentador, participar do programa ao vivo etc. Isso será possível com novos produtos tecnológicos que criam o avatar da pessoa no universo paralelo.

O metaverso é a reunião de vários universos juntos.

Um ídolo da música mundial faz um show em uma grande arena. Milhares de pessoas, um grande palco, show de luzes, uma grande banda acompanha o cantor, um grupo faz a back voice. Ninguém paga ingresso. O que assistiram foi a performance de um avatar do ídolo. Ninguém saiu de casa e ao mesmo tempo estão na arena do show, ou melhor, no metaverso.

"Ele vai além, pois funciona como uma conversão de elementos que se conectam para trazer ao usuário uma experiência mais completa. Estamos diante de uma rede de ambientes virtuais em 3D mais imersiva e colaborativa que permite às pessoas uma interação multidimensional entre si e com objetos digitais. Entretanto, é preciso que exista uma mixagem entre a realidade aumentada e a realidade atual para termos, de fato, o Metaverso que gere sensações únicas para as pessoas."

Tonico Novaes – CEO da Campus Party Brasil

Os apresentadores do New Rádio precisam se qualificar para estarem presentes nesse novo universo. Ou metaverso. Alguns futuristas o definem como Web 3.0, a qual conecta pessoas a informações pessoais, lugares e coisas, tudo ao mesmo tempo, De acordo com Souza (2021), "a realidade virtual é usada para educação, terapia e esportes — apesar de alguns julgarem que é só para entretenimento. A diferença, o metaverso soa muito mais como uma versão nova e aprimorada da internet."

Essa é uma das mais recentes tecnologias para o New Rádio navegar em busca de alcançar o público, esteja ele onde estiver, e ter com ele uma proximidade nunca vista. A nova tecnologia lança o áudio nas conquistas do presente e ele se consolida como uma comunicação indispensável para a sociedade humana. As oportunidades são inúmeras, e cabe aos gestores das empresas de radiodifusão enfrentarem os novos desafios da tecnologia a serviço também do New Rádio.

ÁLBUM DE FIGURINHAS - PARTE 9

RENATA PEROBELLI
Jornalista.

RENATO LOMBARDI
Jornalista.

RENATO TAVARES
Jornalista, radialista e professor universitário.

RICARDO BECCARI
Fotógrafo e radialista.

RICARDO FADUL
Publicitário.

ROBERTO COELHO BARREIRO FILHO
Historiador e professor universitário.

ROBERTO D'UGO JR.
Radialista e professor universitário.

RODOLFO BONVENTTI
Jornalista e professor universitário.

LEIA O QR CODE PARA TER ACESSO AOS DEPOIMENTOS.

CAPÍTULO 7

O REI: O ANUNCIANTE

- ACORDAR PARA O FUTURO
- OS QUATRO CAVALEIROS DO APOCALIPSE
- MARKETING CONTEXTUAL: O QUE É E COMO PODE MELHORAR
- SUA ESTRATÉGIA NO NEW RÁDIO?
- O PAGADOR DAS CONTAS
- VENDEDOR DE FUMAÇA
- MAIS UMA REVOLUÇÃO
- ÁLBUM DE FIGURINHAS – PARTE 10

ACORDAR PARA O FUTURO

"No mundo antigo, você gastava 30% do seu tempo criando um ótimo serviço e 70% espalhando-o. No novo tempo, isso é revertido."

Jeff Bezos

Um estado democrático só pode ser garantido com a liberdade de expressão e de imprensa asseguradas por lei. Infelizmente, ambas estão enfrentando restrições. A liberdade de expressão é constantemente ameaçada por regimes totalitários presentes em várias partes do mundo. A liberdade de imprensa, por sua vez, está sob pressão devido às novas tecnologias e à crise do modelo capitalista de negócios.

NOTA: De acordo com Toledo (2023): "Para os anunciantes, é essencial estarmos em todas as plataformas", diz o executivo da CNN Brasil, Acácio Luiz Costa.

> **"Hoje, todos nós, pessoas e empresas, concorremos pela atenção do consumidor, da audiência e do anunciante. A rotina das pessoas mudou completamente. Os dias são muito mais cheios, estamos todos disputando a atenção com alguém o tempo inteiro, e ninguém tem mais de 24 horas por dia. Historicamente, o tempo médio de permanência da audiência em qualquer veículo de mídia despencou. Não porque a programação piorou, e sim porque o tempo do público diminuiu."**

Uma grande empresa, com muitos funcionários, alto faturamento e distribuição de dividendos para acionistas, que também é proprietária de um ou mais veículos de comunicação, está enfrentando uma crise. Há uma busca intensa por um novo modelo de negócios para lidar com a crise que afeta essas empresas há cerca de 25 anos nos Estados Unidos e na Europa, e há aproximadamente 10 anos no Brasil.

A plataforma de papel e tinta, que é publicada diariamente, está em declínio. O ecossistema jornalístico passou por mudanças rápidas e significativas. A publicidade migrou dos jornais em busca de outras oportunidades no mundo digital. Os consumidores de notícias agora têm seus caminhos traçados no ambiente digital, utilizando dispositivos de diferentes formatos e tamanhos.

A notícia está ao alcance em nossos bolsos, pastas, malas e até mesmo nos elevadores. Não dependemos mais exclusivamente das bancas de jornal na esquina. Algumas empresas jornalísticas estrangeiras adotaram o sistema de *paywall*, no qual os assinantes pagam para ter acesso a todo o conteúdo do jornal na internet. Algumas dessas empresas já alcançaram um milhão de assinantes. No entanto, ainda ocorrem demissões de jornalistas, o que mostra que nem tudo são vantagens. É importante ressaltar que as assinaturas digitais têm um custo menor em comparação com as assinaturas físicas.

As empresas que editam jornais no Brasil vêm sofrendo perdas de faturamento desde 2008, e essa queda tem se acentuado a cada ano.

Confira o depoimento da Juliana Paiva, diretora da Radiodata.

Assim como em outros lugares do mundo, elas buscam encontrar um substituto para o modelo de negócio que foi estabelecido no século XIX. O antigo modelo de "fábrica" de jornais, que envolvia apuração, reportagem, edição e publicação com o suporte financeiro dos anunciantes, está enfrentando uma crise irreversível e caminha para o encerramento.

Já foi constatado que é necessário investir em novas plataformas e formatos tecnológicos que estão em alta no mundo, como as plataformas móveis e os smartphones. Anteriormente, esses dispositivos eram exclusividade dos jovens, mas atualmente estão presentes no bolso de todos. O que vai restar dos antigos jornais é a credibilidade da marca, que se torna um fator diferencial competitivo entre as empresas. Essa credibilidade é valiosa e não pode ser perdida. Com a convergência de mídia, uma mesma marca abarca texto, vídeo, áudio, arquivos, compartilhamento e relacionamento. Será como um chapéu que cobre todos os canais por meio dos quais as notícias com credibilidade serão transmitidas.

OS QUATRO CAVALEIROS DO APOCALIPSE

Há uma intensa competição pela audiência do público. Essa disputa não se limita mais às antigas plataformas de comunicação, mas também ocorre no campo digital. Na arena virtual, encontramos gigantes como Google, Facebook, Apple, Amazon e, assim como os três mosqueteiros eram quatro com a adição de D'Artagnan, os quatro cavaleiros agora são cinco com a Microsoft em destaque.

Na plateia, não apenas o imperador pode sinalizar com o polegar para cima ou para baixo, decidindo quem sobrevive e quem desapare-

Como era vendido espaço publicitário nas rádios?

ce. Qualquer pessoa da audiência pode tomar essa decisão, uma subversão que certamente desagradaria os produtores do Circo Romano. Por isso, a competição é acirrada, pois o vencedor terá o poder de impor sua plataforma e tecnologia.

Graças a isso, jornalistas e publicitários enxergaram uma janela de oportunidade. Os gigantes do conteúdo optaram pelas formas mais lucrativas de produzir notícias, o que não implica necessariamente a produção de um bom jornalismo.

As empresas e os empreendedores individuais de comunicação podem publicar diretamente em aplicativos e novos sistemas, com o objetivo de ampliar o público que utiliza dispositivos móveis. Dessa forma, eles podem gerar receita por meio da exibição de publicidade, embora os investimentos sejam consideravelmente menores em comparação com as plataformas tradicionais. Como resultado, pode não haver recursos suficientes para sustentar a tarefa custosa de produzir entretenimento, shows e notícias, mesmo com a ajuda de toda a tecnologia mencionada neste livro.

Em tempo: sempre haverá diversas formas de bloquear a publicidade, o que pode agravar a crise econômica enfrentada pelas empresas de comunicação.

MARKETING CONTEXTUAL: O QUE É E COMO PODE MELHORAR SUA ESTRATÉGIA NO NEW RÁDIO?

O marketing é uma disciplina que busca atrair, relacionar e reter clientes, levando em consideração suas necessidades, seus desejos e suas aspirações. O marketing contextual é uma abordagem que visa exibir anúncios relevantes e precisos de acordo com o contexto em que o usuário está inserido. ***"Lá vêm vocês com um modismo", reclama Dona Juventina. "Larga disso, meu, e vamos em frente!".***

Se você é um empreendedor ou trabalha com marketing digital, é importante que compreenda imediatamente esse conceito, pois a publicidade digital, como a conhecemos atualmente, passará por uma reformulação completa com o fim dos *cookies* de terceiros. Esse é um tópico intimamente relacionado ao marketing contextual.

Mas, afinal, o que é marketing contextual?

O marketing contextual é uma técnica de publicidade que exibe anúncios relevantes com base no conteúdo que o usuário está visualizando. Em vez de rastrear o comportamento individual do usuário, como ocorre na segmentação personalizada, o marketing contextual leva em consideração o contexto do conteúdo para exibir anúncios apropriados.

Por exemplo, imagine que você está lendo um blog sobre cosméticos e, de repente, surge um anúncio da Natura ou Avon. Isso exemplifica o marketing contextual, pois o anúncio está relacionado ao conteúdo que você está visualizando, e não aos seus hábitos de navegação. ***"Imagine eu a bordo de um belíssimo cabriolé sedan", acrescenta Dona Juventina, "vai chover anúncio de carro para eu comprar. Vão me oferecer até kombi... ops, acho que entrei em seara alheia".***

Como o marketing contextual funciona?

Funciona por meio de algoritmos que analisam o conteúdo que o usuário está visualizando e exibe anúncios relevantes e relacionados a essa visualização, seja em formato de texto, áudio ou vídeo. Essa abordagem é realizada sem rastrear o comportamento do usuário, o que é benéfico para preservar sua privacidade e fortalecer a confiança na marca.

Vantagens do marketing contextual

Anúncios mais relevantes: o marketing contextual exibe anúncios pertinentes ao contexto em que o usuário se encontra, aumentando a probabilidade de cliques e conversões, e auxiliando na busca por determinados produtos ou serviços. ***"Lembra das Páginas Amarelas?" completa a fofoqueira.***

Melhor experiência do usuário: o marketing contextual, ao não rastrear o comportamento do usuário, proporciona maior privacidade e aumenta a confiança do usuário na marca, contribuindo para uma experiência positiva, inclusive na sua emissora do New Rádio.

Menos *ad-blocking*: como o marketing contextual exibe anúncios relevantes, reduz a necessidade de os usuários utilizarem *ad-blockers*.

Teoricamente, os anúncios tornam-se menos intrusivos e chatos. Conforme mencionado anteriormente, ser chato é um dos sete pecados capitais da comunicação, algo que pode prejudicar tanto projetos pessoais quanto comerciais.

Desvantagens do marketing contextual

Menos dados do usuário: como o marketing contextual não rastreia o comportamento do usuário, há menos disponibilidade de dados para as marcas. Isso dificulta técnicas como remarketing e personalização de conversões, que dependem desses dados de rastreamento. Por outro lado, essa abordagem evita irritar o público com um excesso de ofertas. Muitas vezes, o usuário já desistiu da compra ou já adquiriu o produto, mas continua sendo alvo de anúncios indesejados. ***"Vocês estão ficando chatos com essa história", resmunga Dona Juventina.***

Dependência de conteúdo: o marketing contextual requer conteúdo relevante para exibir anúncios relevantes, o que pode representar um desafio para algumas marcas, especialmente as pequenas empresas que ainda não estão familiarizadas com o marketing de conteúdo. ***"Conteúdo relevante? É essencial no New Rádio!", afirma Dona Juventina.***

Então, pense. O marketing contextual:

- Oferece anúncios relevantes.
- Melhora a experiência do usuário.
- Depende de conteúdo relevante.
- É uma opção cada vez mais atrativa para as marcas.
- Leva a mais retenções e conversões de clientes.

Já começou a aplicar o marketing contextual na sua emissora do New Rádio?

O PAGADOR DAS CONTAS

A grande questão é: quem vai pagar as contas se não há almoço grátis? ***"Eu que não", antecipa-se a muquirana Dona Juventina.*** O fato é que, se não houver bilheteria, não haverá espetáculo. E isso nem sempre é bem compreendido pelos responsáveis pelas vendas de publicidade, independentemente da plataforma em que atuam, assim como pela equipe de programação. Com o advento das plataformas digitais, por onde também navega o New Rádio, os pontos de venda se tornaram complexos e exigem talento e conhecimento para monetizar o conteúdo.

Isso não significa que os tradicionais comerciais de 30 segundos ainda não sejam responsáveis pelo faturamento das emissoras, principalmente as comerciais. Neste ano, por exemplo, um comercial de 30 segundos durante a final do campeonato de futebol americano, o Super Bowl, nos Estados Unidos, custou incríveis 7 milhões de dólares! Se multiplicarmos esse valor pelo preço do dólar atual e dividirmos pelo número de espectadores, que chega a cerca de 130 milhões apenas nos EUA, podemos questionar se valeu a pena investir todo esse dinheiro em um único evento.

O rádio FM e as transmissões simultâneas em streaming também exibem comerciais, geralmente com duração de 30 segundos ou menos. Lembro-me de alguns exemplos, como o famoso jingle "O tempo passa, o tempo voa, e a poupança Bamerindus continua numa boa! É a Poupança Bamerindus!". ***"Que termina com um agudo insuportável", segundo a ombudsman deste livro.*** Existem muitos outros bons jingles comerciais sendo veiculados, mas o destaque vai para a seleção que o Nilo postou em nosso livro comemorativo dos 100 Anos de Rádio no Brasil, que é indicado no final desta obra.

Apesar da nossa saudade em ouvir jingles antigos como os da Varig, Pernambucanas, Café Seleto, Lâmpada GE, entre outros, vamos retomar o assunto deste capítulo.

Nem sempre os *breaks* comerciais são bem recebidos pelos apresentadores. Eles podem dar a impressão de serem elementos estranhos no programa, interrupções sem sentido ou obstáculos no caminho do desenvolvimento de um grande tema.

Geralmente, esses intervalos são precedidos de chamadas como "rápido intervalo, só dois minutinhos, não saia daí". Parece que estão se desculpando com a audiência por apresentar os anúncios que financiam a emissora. No entanto, essas chamadas e outras não contribuem para fortalecer o comércio, garantir a sobrevivência da empresa ou pagar salários, comissões e cachês de todos os envolvidos. É fundamental que haja respeito e equilíbrio entre a programação e o setor comercial.

O *break* comercial deve ser integrado ao programa, independentemente do tipo de conteúdo que esteja sendo transmitido, seja *talk*, *hits* ou *news*. Ele deve ser anunciado com entusiasmo, convidando os ouvintes a prestarem atenção, pois os produtos apresentados têm alta qualidade e credibilidade, e por isso merecem espaço nessa emissora.

As plataformas sociais oferecem diversas formas de anúncios comerciais, que são exibidos de várias maneiras, mas muitas vezes é necessário assistir a um comercial antes de acessar determinado conteúdo. Infelizmente, alguns desses anúncios podem ser de mau gosto. ***"Ainda bem que existe aquela saída de pular o assunto", exalta Dona Juventina.***

Alguns anúncios começam de forma direta, buscando capturar imediatamente a atenção do internauta. ***"Fernando, como se faz a contagem dos acessos aos anúncios nos sites", indaga a velhota, "é com a utilização do Google Analytics?".***

Os apresentadores e as emissoras individuais adotam abordagens diversas para obter faturamento. Alguns apresentadores optam por abrir suas próprias empresas de publicidade e repassar uma parte dos lucros à emissora, geralmente ficando com 70% do valor. Em outros casos, quando a venda é realizada pela própria emissora, o percentual pode ser dividido igualmente, mas isso pode variar de empresa para empresa.

Como o apresentador deve chamar o *break* comercial?

Apresentadores de diversos tipos têm a oportunidade de lucrar com os anúncios que apresentam. Atualmente, muitos deles são conhecidos como influenciadores. Com uma base de milhares ou até mesmo milhões de seguidores, eles conseguem vender sua credibilidade, visibilidade e audiência para anunciantes.

No passado, já existiam práticas semelhantes no rádio FM, onde os apresentadores realizavam testemunhais de cerca de um minuto. Entretanto, era difícil fiscalizar se o tempo do anúncio estava sendo cumprido corretamente. Os apresentadores podiam ganhar um bom dinheiro por esses depoimentos.

Sobre os anunciantes no New Rádio, é importante destacar alguns pontos:

- Credibilidade é tudo, mas não precisa ser chato. Os espaços comerciais devem ser alegres, com humor e, se possível, espirituosos.
- O anunciante acredita que o apresentador ou influenciador vai vender o produto dele.
- É preciso transparência para a audiência e deixar claro o que é comercial e o que é editorial.
- As pessoas compram, geralmente, por impulso e o e-commerce está aí para facilitar essa compra.
- É preciso ter acesso ao mundo do cliente, entender, vivenciar esse mundo e apresentar soluções. ***"Gosto de tudo isso", diz Dona Juventina.***
- A venda, assim como tudo no rádio, é um processo contínuo.
- Para o bem e para o mal, a internet reduziu drasticamente os custos de funcionamento de uma New Rádio.
- As pessoas não compram o anúncio na New Rádio, elas compram o que o produto pode fazer por elas.
- Se a audiência não prestigiar a emissora, ela também não trará faturamento.
- Lembre-se de que nunca há uma segunda chance de causar uma primeira boa impressão.

- O vendedor deve saber que a credibilidade da venda começa no momento em que conhece o cliente.
- A criação de alianças promocionais com outros veículos ajuda na promoção de todos.
- Uma marca forte, crível, respeitável e transparente é vital para alcançar uma venda. Lembre-se de que a marca é cada vez mais reconhecida e valiosa.
- Entenda o que seus clientes precisam e ofereça soluções. Veja quantas empresas usam o slogan "nós vendemos soluções...".
- A máxima "Como posso ajudá-lo?" também se aplica à venda de comerciais, cookies, vídeos, áudios, testemunhais, coberturas especiais etc.
- Se não conseguir efetuar a venda, estabeleça um relacionamento com o cliente, pois isso pode ser útil no futuro.
- Lembre-se de que é muito mais custoso adquirir novos anunciantes do que manter os atuais.
- A venda só é considerada completa quando o dinheiro chegar ao banco. Se possível via pix...

Você é curioso? Então bora assistir ao sétimo episódio da websérie com Marcelo Duarte.

Faça a leitura do QR code com seu celular ou tablet para acessar o episódio completo

VENDEDOR DE FUMAÇA

"Encontre a coisa pela qual você é super apaixonado."
Mark Zuckerberg

Algumas emissoras comercializam produtos diferenciados, como o cogumelo do sol, que promete resultados milagrosos, ou a barbatana de tubarão, apresentada como um poderoso remédio para problemas de disfunção sexual. Tanto uma como outra emissora está vendendo ar engarrafado, ou seja, a sua credibilidade. É fundamental preservar a reputação e a integridade da emissora, pois a confiança do público é um ativo valioso. ***"Se o distinto público souber que eu compro o Creme Velhos, estou perdida", diz a retocada Dona Juventina.***

Todo mundo que atua no mundo das vendas sabe que custa cinco vezes mais conquistar novos clientes do que manter os atuais. Mas para isso, é preciso apresentar resultados e mostrar que o produto está sob uma marca de credibilidade.

Mencionar o anunciante durante a programação, e não necessariamente nos intervalos comerciais, ajuda a fixar a marca na mente dos ouvintes, e isso não é cobrado na tabela de preços.

Tem apresentador que chama o *break* comercial como se estivesse pedindo desculpas à audiência. "Voltamos daqui a pouquinho." "Voltamos já, já." "Depois dos nossos comerciais, vamos voltar com algo relevante." ***"Segura aí, meu filho, que esses jingles chatos acabam já, já", proclama Dona Juventina.***

Se acharmos que o intervalo é uma interrupção do programa, o público também fará a mesma avaliação.

É necessário convencer o público a ouvir os jingles ou testemunhais. Eles são os pilares econômicos da emissora e não prejudicam o ibope.

Não basta que um testemunhal para a venda de um produto seja feito por uma celebridade. O mais importante é que ele seja crível e tenha a confiança do público. Evite fazer testemunhais para produtos semelhantes. Além disso, é fundamental que todos os produtos de venda, comerciais, jingles ou testemunhais tenham começo, meio e fim bem estruturados. ***"Já sei", acrescenta a ombudsman Juventina, "é o tal do storytelling".***

Seja conciso nas mensagens publicitárias. Utilize termos como cidade em vez de metrópole, ônibus em vez de coletivo, médico em vez de facultativo. Em outras palavras, se você puder expressar uma ideia em duas palavras, evite usar quatro.

Você se lembra dos comerciais da Bombril com o ator Carlos Moreno? Ele era um grande talento no teatro e nos comerciais de televisão. ***"Fez até o Euclides no Rá-Tim-Bum", lembra a Dona Juventina.***

Faça a leitura do QR code com seu tablet ou celular para ouvir ou assistir à entrevista mais recente feita com o ator Carlos Moreno.

Os comerciais eram conhecidos pelo seu humor e sua capacidade de vender a esponja de mil e uma utilidades. Embora tenham sido criados para a televisão, eles servem como exemplo da importância e da dificuldade de utilizar o humor na venda de um produto. Quem tiver paciência pode procurar no YouTube um comercial da Esso, baseado na ópera Carmen, com a ária "O Toreador". Foi um grande sucesso e marcou época.

MAIS UMA REVOLUÇÃO

"A única maneira de fazer um grande trabalho é amando o que se faz."

Steve Jobs

Se não bastasse o avanço das plataformas digitais fixas, também estamos presenciando uma avalanche de novas tecnologias móveis.

Essas tecnologias estão presentes em bolsos e bolsas, independentemente de serem de grife ou não. Essa revolução tecnológica trouxe uma transformação mais significativa na comunicação do que qualquer outra ocorrida nos últimos 500 anos.

Em vez de um processo evolutivo como ocorreu com a máquina a vapor, estamos vivendo um momento de grandes avanços tecnológicos. Enquanto todos lembram e atribuem a James Watt a invenção da máquina a vapor, hoje em dia ninguém sabe ao certo quem foi o inventor da última novidade em smartphones, que se tornaram verdadeiros portais para o mundo.

É preciso reconhecer que o jornalismo, embora seja uma atividade subsidiária em relação ao grande negócio das plataformas digitais, desempenha um papel fundamental no interesse dos cidadãos. É evidente o crescente poder das mídias sociais e a perda de controle na distribuição de conteúdo pelos veículos tradicionais. Por trás desse cenário, encontra-se a revolução móvel, uma vez que o smartphone é cada vez mais utilizado para múltiplas finalidades, e os aplicativos ocupam grande parte das telas.

Como tem ocorrido desde a primeira Revolução Industrial do século 18, há vantagens e desvantagens nesse processo. Os cidadãos ganharam uma porta para divulgar e acessar o conteúdo que consideram relevante, mas também se abriu outra porta para a formação de grandes conglomerados que têm o poder de controlar o que é publicado e consumido.

O cipoal das marcas

As plataformas digitais também têm contribuído para tornar as marcas cada vez mais presentes em nosso cotidiano. Os produtos de comunicação estão se tornando cada vez mais similares, o que pode prejudicar o desenvolvimento do espírito crítico. Existe uma infinidade de marcas globais poderosas, bem estabelecidas no mercado e amplamente reconhecidas. Devido à intensa competição entre essas marcas, o público está cada vez mais exigente e atento ao que cada uma delas divulga.

Por isso, essas empresas que detêm as marcas dedicam-se ao processo de branding, ou seja, à construção e à manutenção dessas marcas. O buscador de notícias pode optar por associar-se ou não a uma dessas empresas ou marcas, por meio de um processo de interação social, econômica e cultural. ***"Não se esqueça de que elas se tornaram globais e não há língua que o doutor Google não traduza", anota Dona Juventina, "e em breve, oral!".***

As plataformas digitais que permeiam a comunicação do século 21 são um campo que reflete a simbiose entre o erudito e o popular, o simples e o complexo, o sofisticado e o ingênuo, o tribal e o universal, o brega e o chique, a tradição e a vanguarda, a revolução e a repetição. É como um ônibus cibernético, onde todos têm lugar. ***"Tem lugar para uma idosa?", pergunta a velha senhora.***

Essas plataformas abrigam uma parte da universalidade humana que nunca encontrou um campo tão vasto para se manifestar em toda a história da humanidade.

Portanto, as marcas não são apenas o patrimônio de uma empresa, mas sim a sua identidade. As marcas de comunicação buscam constantemente atributos e produtos únicos, inimitáveis. Algumas delas se tornaram verdadeiros ícones. Estamos vivendo a era das redes e a comunicação adquiriu características cibernéticas derivadas de seu processo de criação, geração, armazenamento, transmissão, recuperação e consumo. Tudo isso está disponível para todos, e a maioria é "grátis". ***"Duvido", diz a nossa ombudsman***.

É preciso compreender que a lógica linear das antigas plataformas de comunicação, assim como a noção de emissor e receptor, foi desestruturada pela atomização, interatividade e conectividade proporcionadas pelas redes, juntamente com suas marcas globais.

A segmentação e fragmentação das fontes de comunicação tornaram inviável o controle da recepção pelo público. Uma infinidade de mensagens, jornalísticas ou não, são enviadas para dispositivos cada vez mais móveis, em contraste com o passado. Isso aumenta a tendência à entropia, ou seja, todas as transmissões tendem a entrar em um estado de desordem para o público.

Novas tecnologias

É evidente que a atividade de comunicador foi fundamentalmente alterada pelas novas tecnologias. Há um amplo debate sobre o impacto dessas tecnologias no modelo de negócios, na profissão e no conteúdo da programação. As narrativas digitais buscam explorar ao máximo o uso dessas novas tecnologias para contar histórias, o que, em nossa opinião, é positivo. ***"Concordo", diz Dona Juventina.***

Há uma tendência ao hiperlocalismo, com notícias cada vez mais específicas sobre o bairro e as políticas locais, devido ao desaparecimento dos jornais locais e ao surgimento de plataformas digitais voltadas para a população local. E tudo isso, como mencionado anteriormente, afeta diretamente o rei... o anunciante.

O que o anunciante precisa saber antes de comprar espaço publicitário?

LEIA O QR CODE PARA TER ACESSO AOS DEPOIMENTOS.

ÁLBUM DE FIGURINHAS - PARTE 10

ROGÉRIO ASSIS

Radialista.

SAMUEL MATTOS HEINZLE DA SILVA

Radialista.

SILZETE MOREIRA

Publicitária e professora universitária.

TAMIRIS FELIX

Radialista.

THIAGO UBERREICH

Jornalista.

VICENTE WILLIAM DA SILVA DARDE

Jornalista e professor universitário.

VITOR BROWN

Jornalista.

WANNESSA STENZEL

Jornalista.

ZÉ LUIZ

Jornalista, radialista, apresentador de TV e ator.

CAPÍTULO 8

FUTURO (OU HOJE MESMO)

A PREVISÃO DE JOSÉ

"O progresso acontece quando você perde mais tempo se incomodando com as coisas ruins do que se acomodando com as coisas boas."

Danilo Gentili

Ao longo da história, as previsões sempre foram consideradas armas estratégicas pelos impérios que se formaram. No Egito antigo, os faraós buscavam prever não apenas o comportamento do rio Nilo para abastecer seus celeiros, mas também as futuras ameaças de povos invasores do sul ou através da península do Sinai. A história de José ilustra bem essa preocupação com o futuro. Enquanto o governo, responsável pelo Estado, concentra-se no presente, os desafios enfrentados no dia a dia são resultado do passado. Sobre o futuro, pouco se sabe. Os romanos cultuavam o deus Jano, que tinha uma face voltada para o passado e outra para o futuro. O presente era cuidado pelos cônsules, ditadores ou imperadores.

A sobrevivência do império também dependia do fluxo de informações dentro e fora de suas fronteiras, a fim de que o estado romano estivesse preparado para enfrentar as dificuldades. Era necessário antecipar-se e tentar conhecer o futuro, mesmo que sem métodos precisos. Qualquer informação que ajudasse a construir cenários era valiosa nesse sentido.

A ciência desenvolveu métodos para avaliar o futuro, deixando para trás as crenças em bruxas, magos, adivinhos, cartomantes e outros aspectos esotéricos que foram relegados à ficção. No entanto, cientistas que se dedicaram a investigar questões futuras, como pandemias, aquecimento global e esgotamento de recursos naturais, enfrentaram perseguições amplificadas pelas redes sociais. Eles foram rotulados de profetas do apocalipse e foram alvo de críticas e desinformação.

Já podemos notar que a ciência desempenha papel fundamental na pesquisa do futuro e potencialmente na salvaguarda da humanidade. A informação é a base de tudo, e sua busca requer imparcialidade e método para evitar ser distorcida por narrativas de diferentes ideologias. Uma vez coletada, a informação precisa ser analisada por cientistas de várias áreas, pois envolve uma diversidade de dados que podem exigir a expertise de matemáticos, historiadores, linguistas e outros especialistas. A análise é um processo contínuo, com debates e novas análises, até que uma síntese seja alcançada e possa ser divulgada ao público em geral. Afinal, esse público será o alvo das futuras transformações.

Os arquivos digitais estão repletos de teses eruditas e monografias acadêmicas abordando uma ampla gama de assuntos, incluindo

Confira o depoimento do radialista Paulito Carvalho.

as perspectivas futuras de países, regiões, continentes e até mesmo da humanidade como um todo. Esses documentos são fontes ricas de informações. Por essa razão, os EUA tomam todas as precauções possíveis para proteger segredos considerados estratégicos, pois os segredos do futuro são mais valiosos que os do presente. Afinal, a inteligência estratégica é fundamental para uma nação manter sua posição de liderança mundial ou aspirar a alcançá-la.

A maior parte das informações coletadas é protegida por medidas de segurança rigorosas, como criptografia e restrição de acesso, a fim de mantê-las longe de espiões, sejam eles hackers ou funcionários corruptos. No entanto, é inevitável que algumas informações escapem e adquiram um valor significativo para a construção de cenários ou para inspirar obras de ficção de espionagem. Os EUA não apenas protegem seus próprios segredos, mas também divulgam cenários que possam fortalecer sua posição de hegemonia em diferentes setores.

Há também a intenção de mostrar aos aliados sua pujança, e aos inimigos, sua força. A última edição do relatório da CIA, publicado pela inteligência americana, faz parte desse contexto. Embora não haja divulgação de fatos estratégicos, o documento fornece cenários do futuro que permitem avaliar a direção para onde os EUA estão se dirigindo e como estão se preparando para manter a hegemonia que desfrutam neste início de século. Algumas avaliações viralizaram nas redes sociais, como a previsão da ocorrência de uma pandemia. Na época em que o relatório da CIA foi publicado, poucos davam importância a um assunto aparentemente banal e improvável, como um vírus causando uma crise em plena era da tecnologia. Se a previsão se concretiza ou não, é uma avaliação do público.

O NEW RÁDIO GLOBALIZADO

"Nós confiamos principalmente no boca a boca, e não em vão a Internet é uma mesa de som formidável."

Jeff Bezos

O mundo da New Rádio está inserido no contexto da globalização. A infraestrutura proporcionada pela tecnologia da informação e comunicação é uma das bases do globalismo contemporâneo. Portanto, o mundo atual é global e o New Rádio está integrado a essa nova realidade. ***"Meus filhos, não comecem a me enrolar com essa falação de pseudointelectuais", esbraveja dona Juventina.*** A existência de mercados financeiros integrados permite que a economia global funcione como uma unidade real em escala global. Nesse contexto, diversas partes envolvidas transitam, incluindo empresas de comunicação, empreendedores, apresentadores, repórteres, redatores, técnicos, diretores, contatos comerciais e todos os profissionais que trabalham na indústria da comunicação atualmente.

A existência de mercados financeiros integrados possibilita que a economia global opere como uma unidade real em escala mundial. Nesse contexto, várias partes estão envolvidas, incluindo empresas de comunicação, empreendedores, apresentadores, repórteres, redatores, técnicos, diretores, contatos comerciais e todos os profissionais que atuam na indústria da comunicação atualmente.

As atividades transnacionais estão se intensificando cada vez mais, apesar dos choques geopolíticos entre as potências. Mudanças sempre ocorreram ao longo da história, mas nunca com a velocidade observada neste momento. Existe uma aceleração constante na circulação de bens, serviços, contratos, turismo internacional, cultura e, principalmente, informação! Como resultado, a comunicação em todas as suas formas está disponível para qualquer pessoa em qualquer lugar do planeta. O áudio lidera essa corrida, com uma infinidade de plataformas, e sua programação alcança desde tribos Yanomami até tendas beduínas, passando pelos relógios digitais dos banqueiros londrinos e pelos celulares que acompanham passageiros de trens, metrôs ou ônibus. ***"É verdade, não precisa nem dar um clique mais", diz dona Juventina, "é só passar o dedo naquelas figurinhas que vocês chamam de ícones".***

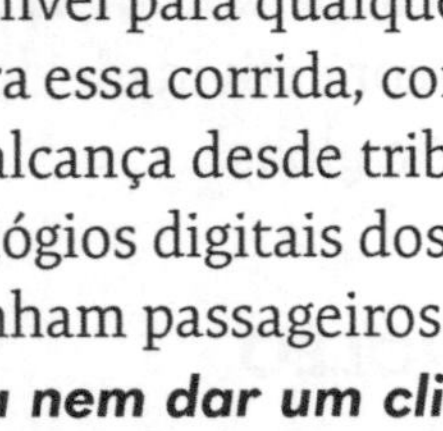

Confira o depoimento da jornalista e radialista Lorena Calabria.

As distâncias continuam a aumentar constantemente, enquanto o custo de transmissão segue o mesmo caminho. O streaming está substituindo as antigas antenas de vários metros de altura, os cabos de cobre enterrados, os tirantes e o alto consumo de energia elétrica. A emissora de New Rádio não utiliza antenas, mas sim o streaming como meio de transmissão. Por essa razão, é essencial que essa tecnologia seja cada vez mais conhecida e utilizada para oferecer uma ampla programação de rádio, seja com ou sem imagem.

O avanço da informática e o surgimento das grandes redes de computadores têm contribuído para uma rápida transformação das comunicações e dos transportes. Basta observar a quantidade imensa de embarcações se deslocando pelo mundo no aplicativo de rotas dos navios, ou o número incontável de voos no aplicativo de rastreamento de aviões.

Em suma, há uma aceleração e intensificação da interdependência global nos últimos anos. E aqueles que ficarem de fora, apenas observando a brisa passar, perderão as oportunidades que surgem nesse cenário. Assim como em outras épocas de mudanças na história da humanidade, a globalização é um processo em constante evolução. As navegações marítimas foram assim. A revolução industrial também. E assim por diante. Hoje, os acontecimentos locais são moldados por eventos que ocorrem a milhares de quilômetros. Quem não se sensibilizou com o terremoto na Turquia, que deixou mais de 50 mil mortos? Ou com a guerra na Ucrânia? A interconectividade do mundo atual nos faz participantes de uma comunidade global.

OS DADOS SÃO O NOVO PETRÓLEO

"As pessoas acham que inovação é apenas ter uma boa ideia. Mas muito disso é apenas se mexer rápido e tentar várias coisas."

Mark Zuckerberg

Os dados são considerados o novo petróleo. Aqueles que possuem tecnologia digital têm vantagem competitiva nos negócios e têm a oportunidade de gerar lucro. Em vez de perfurar o solo em busca de petróleo, agora garimpamos, agregamos, formatamos e comercializamos dados. As emissoras precisam explorar seus próprios "campos petrolíferos" digitais para garantir sua sobrevivência econômica. Ao contrário do petróleo, que é uma dádiva da natureza, o novo "ouro digital" depende da tecnologia, da ciência e do ambiente de negócios contemporâneo.

Captar e reter a atenção do público são alguns dos novos desafios impostos pelo mundo digital, do qual também faz parte o New Rádio. Isso se torna ainda mais relevante em meio à multiplicidade de emissores que circulam na internet.

Pesquisas realizadas nos EUA comprovam que mais da metade dos visitantes de um site tendem a abandoná-lo se a página demorar mais de 3 segundos para carregar completamente. Portanto, como mencionado anteriormente, é crucial que todos os elementos do site sejam atrativos o suficiente para incentivar os usuários a permanecerem na página e interagirem com os recursos disponíveis. No entanto, nem sempre as emissoras contam com equipes ou indivíduos especializados dedicados ao design e à atualização de seus sites.

Uma das estratégias utilizadas é o recurso "AutoPlay", que permite que os vídeos do YouTube sejam reproduzidos automaticamente, sem a necessidade de um comando específico. De acordo com o Instituto Ipsos, cerca de 75 milhões de pessoas utilizam o YouTube por meio de Smart TVs. ***"Sou uma delas", diz Dona Juventina.*** A maioria das pessoas está receptiva a diferentes tipos de publicidade, incluindo aquelas provenientes da emissora, do anunciante ou até mesmo conteúdo pessoal.

Os gestores precisam estar atentos ao volume de investimentos em publicidade digital, que ultrapassou os 20 bilhões de reais em 2022. Por um lado, as empresas têm a necessidade de anunciar na internet, por outro, as emissoras têm uma grande oportunidade de aumentar seu faturamento. As marcas buscam associações com outras marcas de credibilidade, e os gestores do New Rádio não podem esquecer desse aspecto.

O número de pessoas que acessam a internet em nosso país continua a crescer constantemente. É cada vez mais raro encontrar alguém que não tenha acesso à internet. Aproximadamente 170 milhões de pessoas são internautas, em uma população de 212 milhões. Isso é mais uma prova de que o rádio online, o New Rádio, é o futuro da comunicação auditiva.

As emissoras devem se preparar cada vez mais para a nova era do marketing digital, na qual a assertividade é fundamental.

Responda rápido: as emissoras, hoje, conseguem saber quantas pessoas assistiram (ou ouviram) à publicidade de seus anunciantes? Conseguem identificar quem são as pessoas que foram alcançadas pela publicidade? A internet já oferece essas respostas. O Google foi pioneiro ao fornecer essas informações por meio do Google Ads, anteriormente conhecido como Google AdWords.

Anúncios mais baratos, acessíveis para pequenas empresas e profissionais autônomos, com maior precisão e eficácia.

APERTEM OS CINTOS, OS EMPREGOS SUMIRAM

As plataformas digitais são disruptivas, transformando o ambiente atual e criando espaço para novas experiências e oportunidades. O New Rádio transmite em várias emissoras, sejam elas privadas, públicas ou individuais. Algumas possuem marcas corporativas, enquanto outras adotam marcas individuais, muitas vezes com o nome do apresentador do programa.

Um exemplo disso é Fernando Vítolo, um dos autores do livro que você está lendo, que possui um canal no YouTube em seu nome. Ele compartilha conteúdo por meio de entrevistas e o distribui em várias plataformas. ***"Eu já me inscrevi", diz Dona Juventina.***

Faça a leitura do QR code com seu celular ou tablet e conheça.

É fato que, devido à dispersão do suporte publicitário causada pelas novas mídias, as empresas tiveram de reduzir drasticamente o quadro de funcionários. São poucas as redações que contam com um número razoável de profissionais.

Isso leva os colaboradores a desempenharem várias funções simultaneamente, mesmo que haja o risco de comprometer a qualidade do conteúdo publicado online. Os novos responsáveis pelo conteúdo precisam ser multitarefas, aprender novas tecnologias e se capacitar em áreas que muitas vezes são desconhecidas. Os criadores de conteúdo online independentes têm pouco apoio, muitas vezes contando apenas com uma ou duas pessoas para produzir e fornecer suporte técnico.

A chegada da Inteligência Artificial (IA) tem um impacto mais significativo nos empregos do que a automatização e a robotização, que se limitam a reproduzir ações repetitivas. A IA vai além, representando uma ameaça à tríade dos comunicadores, ou seja, a emoção, a confiança e a credibilidade. Não se pode afirmar que o avanço da IA não afetará esses três atributos.

De modo geral, os comunicadores precisam seguir o ditado que diz: "Se não pode vencê-los, junte-se a eles." Isso não significa abrir mão da apresentação de programas, independentemente do conteúdo, mas sim utilizar essas novas possibilidades para apoiar e fortalecer o conteúdo no New Rádio. No entanto, é importante não baixar a guarda em momento algum, pois sempre há o risco de um golpe decisivo.

As empresas estão contratando um número cada vez menor de profissionais, e muitas vezes se veem obrigadas a realizar mudanças na programação ou se dedicar a conteúdos que demandam menos trabalho. Diante dessa realidade do New Rádio, é essencial avaliar o que é possível produzir, a qualidade do produto final e o impacto na audiência.

Nem sempre é viável ter um contrato de trabalho formalizado com o empregador, levando muitos profissionais a optarem por serem contratados como prestadores de serviços, conhecidos como pessoas jurídicas (PJs), que emitem notas fiscais pelos serviços prestados.

Nos EUA, no período de 2008 a 2020, houve uma queda de 25% no setor de jornalismo. Atualmente, há mais pessoas trabalhando em restaurantes de fast food apenas no estado de Indiana do que em redações de todo o país. Por outro lado, houve um aumento na presença de profissionais de relações públicas, que podem contribuir para o crescimento financeiro das empresas.

As transmissões online são mais simples do ponto de vista tecnológico, utilizando uma variedade cada vez maior de plataformas digitais, o que contribui para reduzir os custos de produção.

Além da apuração local, há uma quantidade enorme de fontes espalhadas pela internet e que podem servir de apoio. Contudo, é preciso o maior cuidado para separar o joio do trigo e publicar... o trigo. ***"Vocês já disseram isso", exalta-se Dona Juventina.***

Nos programas nacionais, é importante contar com correspondentes que possam trazer notícias exclusivas. Uma parte do conteúdo pode ser produzida remotamente, permitindo que os colaboradores trabalhem em sistema home office, sem a necessidade de estarem fisicamente na redação ou no estúdio da emissora online.

Comentaristas, colunistas, convidados e entrevistados podem se conectar por meio de programas como Skype, Zoom, vMix, StreamYard e outras plataformas que estão em constante desenvolvimento. Essas ferramentas permitem que eles participem sem precisar ficar disponíveis durante todo o período para o contratante, oferecendo flexibilidade em suas agendas.

O conteúdo é transmitido principalmente em formato sonoro, mas as imagens podem estar disponíveis para o público caso ele queira visualizar quem está falando.

Radionovela? Temos! Nascida em 1931, Ivete Jayme, que começou sua carreira no rádio ainda na infância, continua atuando como dubladora, com muita energia e dedicação.

Faça a leitura do QR code com seu celular ou tablet para acessar o episódio completo.

ROBÔS PROCURAM EMPREGO

Nesta época de transição do on air para o online, os robôs estão presentes em ambos os meios. Um exemplo é a Bia, robô do Bradesco, que participa da programação, auxilia na resolução de dúvidas, realiza consultas, fornece informações e até ajuda na localização de agências bancárias. Ela até mesmo interage com o apresentador do programa, embora suas perguntas sejam previamente editadas.

Além da Bia, temos também a Lu do Magalu, um avatar que atua como uma influenciadora da marca. Seu perfil no Instagram já ultrapassou a marca de 6 milhões de seguidores. Existem muitos outros exemplos de avatares e personagens virtuais que desempenham um papel semelhante.

Bia, Lu e outras tecnologias, incluindo aquelas que utilizam inteligência artificial, estão de fato impactando o mercado de trabalho de locutores, apresentadores, atores, jornalistas e influenciadores. Isso é um reflexo da inevitável transformação causada pela tecnologia ao longo da história, desde a primeira revolução industrial na Inglaterra, que também resultou na substituição de empregos.

Naquela época, com a mecanização da produção de tecidos, muitos trabalhadores perderam seus empregos, levando a uma situação de desemprego em massa. Lud, um líder operário, reuniu um grupo na porta da tecelagem, invadiu a fábrica e destruiu as novas máquinas. Eles permaneceram em frente à fábrica, aguardando serem chamados pelo patrão para voltar a trabalhar. O proprietário da empresa, acompanhado pela polícia, trouxe novas máquinas. Esse movimento ficou conhecido como ludismo. Com "D"...

Já mencionamos que estamos vivendo em uma época de rápidas transformações tecnológicas, como nunca antes visto na história da humanidade. E as comunicações estão no epicentro dessas mudanças. ***"E isso o deixa pê da vida", reclama dona Juventina.*** Esse processo é disruptivo, ou seja, ele destrói o que existe para abrir caminho para o novo.

Quer a gente goste ou não.

A inteligência artificial tem a capacidade de imitar a fala humana com grande precisão. Ela não comete erros, não se atrasa para gravar, não precisa de pausas para tomar café no trabalho e não requer pagamento de horas extras. Ela pode gravar vinhetas, anúncios, vídeos, comunicados e diversos outros tipos de conteúdo... só não grava samba enredo, tem que ter o charme de um puxador de samba.

Há uma redução nos custos para empresas e empreendedores de áudio. Isso se aplica desde anúncios de bancos até carros de som. Pamonhas, pamonhas, pamonhas.... pamonhas de Piracicaba. ***"Ai não, meus belos, essa gravação é tão velha que era gravada em fita K7", diz a rebelde Dona Juventina, "que novidade tem nisso?".***

A gravação por meio da inteligência artificial, ou IA, como é conhecida na língua do venerável William, pode reproduzir tom, ritmo, volume, pausas, gênero e idiomas programados. Nem mesmo Shakespeare previu isso.

No entanto, há limitações para a IA: a apresentação de programas, a improvisação, a criatividade, a comparação, a surpresa, o humor e a malícia humana. Nesses aspectos, o robô não consegue competir. São características exclusivas daqueles que têm sangue correndo nas veias, algo que a Bia não tem.

A inteligência artificial vai tirar empregos de radialistas e jornalistas?

PARA NÃO FICAR DÚVIDA

O Brasil é o terceiro país que mais consome redes sociais no mundo. ***"E aí, meus filhos, ainda têm dúvidas da importância das redes sociais?", enaltece dona Juventina.*** Com isso, o trânsito do New Rádio está garantido para alcançar de forma revolucionária a audiência espalhada por todo o país. Um estudo da Comscore Brasil (2023) mostra que o YouTube, Facebook e Instagram são os canais de preferência dos brasileiros em relação a outras categorias online. O Brasil consome muitas redes sociais. ***"Mais do que o Tio Sam", emenda a "tia".***

Confira o depoimento do radialista Diguinho Coruja, que transmite o seu programa exclusivamente pelo YouTube.

Esta pesquisa reforça nossa visão de que o áudio está migrando do "on air" para o "online". Em uma população de aproximadamente 215 milhões de habitantes, 131 milhões e meio de usuários estão permanentemente conectados e passam cada vez mais tempo conectados à internet, onde o New Rádio está presente. Em média, o internauta passa 46 horas de conexão por usuário mensalmente, e esse número cresce ano após ano. A audiência dessas plataformas supera o tempo gasto em diversas categorias, como serviços, entretenimento, trabalho, varejo, finanças, presença corporativa, entre outras.

Ainda de acordo com a Comscore Brasil (2023), o YouTube, o Facebook e o Instagram são as redes mais acessadas pelos usuários brasileiros, com alcance de 96,4%, 85,1% e 81,4%, respectivamente. Em seguida, aparecem o TikTok, o Kwai e o X (antigo Twitter). Quanto ao tempo de consumo da audiência, o Instagram e o YouTube são as redes em que os usuários dedicam mais minutos. A sua New Rádio não pode ficar de fora dessas plataformas. O Facebook é a plataforma que mais se identifica com telecomunicação.

TAMBÉM NA ALEMANHA

A maior ameaça ao jornalismo contemporâneo vem do uso da inteligência artificial, como mencionamos. Obviamente, a IA não tem vontade própria, nem está vestindo uma armadura para entrar em guerra contra os seres humanos que trabalham na apuração, verificação e divulgação de programas em geral, especialmente os jornalísticos.

Essa é uma realidade à qual o New Rádio terá que se adaptar para garantir a sobrevivência das empresas de comunicação. É verdade que, como já dissemos, as iniciativas individuais continuarão existindo, uma vez que as emissoras também podem ser individuais, graças à redução do preço dos equipamentos, à transmissão via streaming e ao trabalho de poucas pessoas.

Gestores do maior grupo de comunicação da Alemanha afirmam que os jornalistas correm o risco de serem substituídos por sistemas de inteligência artificial, como o Chat GPT, e que ele tem o potencial de tornar o jornalismo independente melhor do que nunca ou substituí-lo. O comunicado oficial da empresa foi distribuído entre os funcionários, convidando-os a participar de um plano de demissão voluntária (PDV).

Contudo, nem tudo é má notícia. Os jornalistas, produtores e apresentadores continuarão imprescindíveis na apuração, explicação e apresentação de reportagens investigativas e explicativas que se diferenciam do noticiário do dia a dia. Essas informações vão além do que está espalhado e estampado em milhares de plataformas e penduradas nos smartphones.

Um exemplo atual é a informação do trânsito, a qual, em vez de um repórter no helicóptero ou em uma moto, basta mostrar ou descrever, como é o caso do rádio, os pontos de congestionamento nos acessos às cidades. No entanto, se houver um acidente, há a necessidade de um repórter no local para apurar e contar o que e como aconteceu.

O mantra da era digital é aumentar os negócios e diminuir os custos, e é aí que entra a inteligência artificial. ***Dona Juventina, do outro lado do vidro do estúdio, apenas diz: "Auf Wiedersehen!".***

WILLKOMMEN!

"Até agora só sei falar duas palavras em alemão, bem-vindo e adeus", diz a germanófila dona Juventina. A IA, inteligência artificial, não vai tomar o lugar do ser humano no New Rádio. O que ela pode fazer é escanear fontes de notícias online, identificar quais são os assuntos mais acessados no momento e quais são as tendências da audiência. Com isso, o sistema cria um roteiro e lê os textos em vozes artificiais.

Contudo, é um trabalho mecânico, ainda que em plataforma digital. O trabalho intelectual de opinar, debater, escolher, editar e convencer o público com boas histórias é do ser humano. Por isso, deve-se entender plataformas como RadioGPT como uma ferramenta e não como um protagonista autônomo e inteligente. Isso é ficção científica.

Ela é útil uma vez que pode automatizar outros processos, como a criação de sites, posts em multiplataformas e a conversão de conteúdos para podcasts. Sob o comando de um ser humano.

É verdade que com esse programa, as empresas e mesmo os empreendedores individuais vão poder cortar custos ao determinar que a IA faça parte do conteúdo veiculado pela emissora. Pode até produzir e veicular todo o conteúdo, mas nesse caso perde o viés que só os seres humanos são capazes de expressar, como as emoções, as preferências, as opções de vida e tudo o que está ligado à alma e à espiritualidade.

A ferramenta RadioGPT já está sendo bastante utilizada no mundo. A empresa que detém a tecnologia já vendeu autorizações para centenas de New Rádios nos Estados Unidos e no Canadá. Graças às suas características, é possível identificar com eficiência as tendências de determinada comunidade e preencher a programação com conteúdo ao vivo e mais próximo do público-alvo.

VAI DEMORAR, MAS QUE VEM, VEM

As mudanças provocadas pela Revolução Industrial datam de sua primeira fase, no final do século 18, na Inglaterra. Os tecelões perderam o emprego quando foram inventadas primitivas máquinas de madeira capazes de funcionar com pouca mão de obra e movidas à força hidráulica. De lá para cá, a única novidade foi a velocidade que se acelera a cada fase da industrialização.

Hoje vivemos a quarta etapa e não poderia ser diferente. Como já adiantamos aqui, a inteligência artificial veio para ficar. ***"Mas ela me amedronta", diz Dona Juventina. "Já pensou eu perder meu rádio ondas médias, curtas, tropicais e até FM por uma caixinha que nem tem formato de rádio?".***

A evolução da inteligência artificial já mudou o ambiente corporativo. Não tem volta. E isso ameaça profissões e empregos. De acordo com Benevides (2023) e ChatGPT-4... (2024), pelo menos uma centena de profissões sofrerão impactos. Umas resistirão mais, outras menos. Em média, o site estima um período de 15 anos, tempo mais do que suficiente para que os novos trabalhadores se adaptem ao novo concorrente.

Contudo, com o avanço acelerado da tecnologia, ninguém pode assegurar que esse prazo será cumprido. ***"Então", incita Dona Juventina, "vamos vestir nossas armaduras e sair para o pau".***

Nem mesmo profissões intelectuais estão a salvo, entre elas a nossa: o jornalismo. E os advogados. E...

Nosso coautor, HB, fez uma experiência aterrorizante. Pediu ao ChatGPT que fizesse uma biografia dele. A IA disse que ele nasceu em... Piracicaba, interior de São Paulo! ***"Vai ver que é por causa da intimidade dele com a 51, Tatuzinho, Cavalinho...", espeta Dona Juventina, experta em águas santas.*** Isso não quer dizer que, apesar dos erros, a IA não altere os rumos da profissão de jornalista, redator, editor, produtor, apresentador, âncora.

O uso da Inteligência Artificial é uma das características do New Rádio.

Como mencionamos, desde as tecedeiras mecânicas, os novos inventos diminuíram empregos em determinadas áreas e abriram em outras. Alguém aqui já encontrou um ascensorista em um elevador, tão comuns até a década de 1970? Os do Congresso não valem. Até agora, as profissões mais afetadas pela tecnologia são as braçais. Com a IA, também as intelectuais estão na mira. A leitura de uma tomografia, a pesquisa para uma sustentação na área de direito, a redação de um texto básico de jornalismo são realidades, quer a gente goste ou não. Isso vai acabar com as escolas de comunicação? Não! Elas têm que se adaptar e habilitar os futuros profissionais para essa nova tecnologia. Para o ser humano, como já apontamos, está reservado o sentimento, a emoção, o julgamento, a escolha, a ética, a filosofia e tudo o mais que se relaciona com o intelecto. HAL é apenas uma ficção científica criada no filme "2001: Uma Odisseia no Espaço", pelo genial Stanley Kubrick.

CAPÍTULO 9

ALÔ, ALÔ! BYE BYE!

- CONCLUSÃO
- ADVERTÊNCIA FINAL

CONCLUSÃO

Vivemos um momento em que a adaptação é essencial e se tornou uma prioridade no século 21. A comunicação auditiva também precisa se adaptar para se manter relevante nos diferentes formatos e plataformas de mídia. O New Rádio é um modelo ideal para essa realidade digital, pois se encaixa perfeitamente na configuração crossmedia, com diversos pontos de contato e formatos convergentes, capazes de engajar a audiência de maneira efetiva.

O rádio do século 21, conhecido como New Rádio, oferece uma ampla gama de programação em sua multiplataforma, que inclui variedades, músicas, notícias, humor, esportes e outros conteúdos. Como mencionado anteriormente, um número crescente de pessoas acessa essa programação por meio de dispositivos móveis, como celulares.

As pesquisas confirmam que mais da metade da população considera o rádio uma fonte confiável de informação. A emoção continua presente nos programas e, com a facilidade do acesso online, o New Rádio se tornou um companheiro indispensável no dia a dia das pessoas. O acesso por meio da internet rejuvenesceu a audiência e alcançou todas as classes sociais, incluindo as classes A e B. O meio evoluiu junto com a tecnologia e está presente em todos os dispositivos, seja no rádio FM, em podcasts, por meio de streaming ou em diferentes telas.

ADVERTÊNCIA FINAL

"Sempre ouvi que o rádio acabaria com os jornais, que o cinema acabaria com o teatro, que a televisão acabaria com o rádio e que a internet seria um míssil que destruiria isso tudo de uma só vez. Nada disso aconteceu. A verdade é que nada morre. Tudo se transforma."

Boni

O advento das novas tecnologias digitais representa mais uma revolução nas comunicações. Assim como o desenvolvimento da escrita pelos fenícios e a invenção da prensa de tipos móveis por Gutenberg, essas inovações têm um significado histórico importante.

A internet e as tecnologias digitais estão impulsionando rápidas mudanças nas comunicações da nossa era. Nenhuma das mídias desenvolvidas até agora está imune a essas transformações, incluindo o rádio.

O rádio entra no universo das comunicações digitais com a força de um foguete rumo a Marte. A jornada está apenas começando e as mudanças são abundantes. Ainda há muito mais por vir, por isso o chamamos de "New Rádio." É um conceito dinâmico, sujeito a mutações muitas vezes inimagináveis.

É nessa nova fase da evolução da humanidade que navega o New Rádio.

Os autores.

CAPÍTULO 10

BÔNUS

- O GUIA DA PRODUÇÃO DE VÍDEO {NO NEW RÁDIO}
- GLOSSÁRIO DO NEW RÁDIO
- PARA SABER MAIS
- *LAST BUT NOT LEAST*

O GUIA DA PRODUÇÃO DE VÍDEO {NO NEW RÁDIO}

"Esse tem sido um dos meus mantras – foco e simplicidade."

Steve Jobs

Os vídeos se tornaram uma ferramenta poderosa, atraente e muitas vezes essencial no New Rádio. Percebemos que é mais fácil captar a atenção das pessoas por meio de vídeos do que por texto. No entanto, é importante ressaltar que a produção de um vídeo não é tão simples quanto parece.

Como material adicional, estamos disponibilizando um guia prático de produção de vídeos para auxiliá-lo nessa etapa inicial. O guia é voltado principalmente para produções gravadas, em vez de transmissões ao vivo ou streaming.

Confira algumas orientações importantes.

O processo de produção de um vídeo é dividido em três etapas: pré-produção, produção e pós-produção. Vamos seguir essa sequência neste material, começando pelos conceitos iniciais.

O que é vídeo?

Um vídeo pode ser exemplificado por meio destas definições:

- Sequência de fotografias que dão alusão ao movimento.
- Captura de luz.
- Contar uma história.
- Um registro.

De todas as opções, a que mais fascina é que o vídeo tem o poder de vender. Todo vídeo tem o potencial de vender algo. Normalmente, associamos a ideia de vender a vídeos de varejo ou comerciais de televisão, mas vai muito além disso.

O vídeo pode vender uma ideia, uma imagem, um partido político, uma religião e muito mais. Aproveite para conferir este vídeo produzido pelo Porta dos Fundos como exemplo:

Utilize seu celular ou tablet para fazer a leitura do QR code e acessar o vídeo.

Observe que, mesmo se tratando de um vídeo de entretenimento, ele transmite uma mensagem sobre a falta de cumprimento de promessas por parte de políticos. Cabe a você comprar ou não (concordar com) essa ideia.

Pré-produção

Criatividade e foco!

Nesta etapa, será realizado o planejamento completo do vídeo. A pré-produção é o primeiro passo e requer atenção especial. Quando realizada de maneira adequada, trará excelentes resultados, caso contrário, podem ocorrer problemas durante a produção e a pós-produção.

Briefing

Fica difícil desenvolver qualquer material sem saber qual é o objetivo. É necessário definir claramente:

- Qual o assunto?
- Que mensagem transmite?
- Para quem será destinado?
- Verba disponível?
- Local onde as gravações serão feitas?
- Quanto tempo deve ter o material?
- Qual o prazo de entrega?
- Tem algum ator/atriz/apresentador/apresentadora/locutor/locutora específico?
- Qual a veiculação?
- Tem alguma referência?

Esta etapa é crucial para estabelecer uma base sólida e iniciar o desenvolvimento do roteiro.

Roteiro

O roteiro é o detalhamento de cada cena e diálogo que compõem o vídeo. Ele serve como guia de trabalho e é essencial para o desenvolvimento do projeto. O roteiro orientará as equipes de produção e pós-produção.

O que pode conter em um roteiro?

Tempo	Elementos de imagem	Elementos de áudio
Tempo total de duração do vídeo.	Aqui deve-se relatar a descrição das cenas e de todo o material que entrará no vídeo. Exemplo: depoimento de especialista, imagens do local etc., incluindo seus respectivos enquadramentos e movimentos de câmera.	Toda a parte falada do vídeo será descrita aqui. Desde locução, falas dos personagens e trilhas sonoras.

É importante que a pessoa responsável pelo vídeo aprove o roteiro antes de dar início à produção. Nesse momento, é interessante buscar referências de vídeos diversos e descartar aqueles que não são adequados. Esse processo contribui para direcionar o projeto e estabelecer uma base sólida para o desenvolvimento do vídeo.

Ainda na pré-produção, devemos nos preocupar com:

- Cronograma: desenvolver o calendário de toda a produção.
- Casting: selecionar as pessoas que devem aparecer em cena.
- Locação/reserva de equipamentos: os equipamentos necessários para a gravação do material.
- Produção de locação: ambientes em que serão feitas as gravações.
- Reserva de equipe: todo pessoal técnico que participará das gravações.
- Figurino: roupas dos atores.
- Cenografia: elementos que devem estar em cena.

Autorização de uso de obra artística

Na pré-produção, também serão selecionadas as obras que serão utilizadas no vídeo, como músicas e imagens. Essas obras podem ser pagas ou gratuitas, mas é importante obter autorização para utilizá-las. É necessário seguir as leis de direitos autorais e garantir que todas as permissões necessárias sejam obtidas antes de incluir qualquer conteúdo protegido no vídeo.

Confira modelo de autorização:

TERMO DE CESSÃO DE DIREITOS DE UTILIZAÇÃO E EXPLORAÇÃO DE PARTICIPAÇÃO INDIVIDUAL EM OBRAS INTELECTUAIS/ARTÍSTICAS

Participante:

Responsável:

RG: **Órg. Exp.:** **UF:**

CPF:

Endereço:

Telefone:

E-mail:

OBS.: CASO O PARTICIPANTE SEJA MENOR DE 18 ANOS, O PRESENTE TERMO DEVERÁ SER PREENCHIDO E ASSINADO PELO RESPONSÁVEL.

Pelo presente instrumento, o Participante acima qualificado e abaixo assinado cede e autoriza a exploração dos direitos da sua obra intelectual/artística individual, referente a "NOME DA MÚSICA, ÁLBUM, FOTO ETC." (música, imagem, voz, fotografia, design, ilustração e nome) a ser usado nas gravações, transmissões e fixações da obra coletiva intelectual/artística intitulada "NOME DA OBRA" e dela derivadas, de produção da "NOME DA EMPRESA", a ser exibido total ou parcialmente em canais de televisão, programas de rádio, mídias interativas, aparelhos compatíveis com a tecnologia 3G, Internet, festivais e reprodução pública, assim também como em materiais impressos (livros, catálogos, revista, jornal, encarte e divulgação do mesmo) podendo ser integradas a qualquer outro material conhecido ou que venha a existir, em todos os ramos (publicidade, edição, documentário, imprensa, animação etc.) sendo ela de cunho comercial ou não. O Participante confirma que, seja qual for a utilização, gênero ou a importância da difusão, a remuneração prevista está fixada em "**R$ 00,00**", já recebido pelo Participante. O mesmo reconhece que os seus direitos foram adequadamente respeitados e exclui qualquer pedido posterior de remuneração. O Participante responsabiliza-se integral e exclusivamente por sua obra, declarações, comportamento e pelas informações fornecidas na gravação da "OBRA", inclusive no que tange à propaganda enganosa ou abusiva a que der causa, bem como quaisquer outras obrigações que decorram destas, tais como: direitos autorais, de propriedade, imagem e impostos. Nenhuma das utilizações previstas acima tem limitação de tempo ou de número de vezes, podendo ocorrer no Brasil e/ou no exterior, sem que seja devida ao Participante qualquer remuneração. Para os fins do presente instrumento, o Participante, neste ato, autoriza a proceder a qualquer transformação, alteração, incorporação, complementação, redução, ampliação, junção e/ou reunião da participação individual, por qualquer meio ou processo O presente instrumento é firmado em caráter irrevogável e irretratável obrigando-se as partes por si, seus herdeiros e sucessores a qualquer título, ficando eleito o foro da Comarca de São Paulo para dirimir quaisquer dúvidas oriundas deste Termo.

São Paulo, ____ de ________________ de ______.

______________________________ ______________________________

Participante | Produção

Essa é apenas uma sugestão de modelo de autorização para facilitar o seu trabalho. Você pode adaptá-lo conforme suas necessidades. No entanto, é importante ressaltar que, quando se trata de questões legais e contratos, é altamente recomendável buscar a orientação de um advogado especializado no assunto. Um profissional capacitado poderá oferecer o suporte necessário e garantir que todos os aspectos legais sejam adequadamente abordados.

Produção

Mão na massa!

Após a aprovação do roteiro e a conclusão das etapas anteriores, é chegada a hora de realizar a captação das imagens. Nesse momento, é fundamental seguir o roteiro de forma precisa e, além disso, é recomendável capturar também algumas cenas adicionais. Essas cenas extras podem ser úteis durante a fase de edição, fornecendo opções e possibilidades para a construção final do vídeo.

Engana-se quem pensa que fazer uma gravação para um vídeo é uma tarefa simples. É necessário considerar o melhor ângulo de filmagem, analisar a iluminação do local e estar atento à organização do ambiente onde será feita a gravação. Essas são questões que podem parecer simples, mas que, se negligenciadas, podem comprometer todo o trabalho.

Lista de equipe

Para te auxiliar, preparamos uma lista com os títulos e as descrições das funções mais comuns em um set de gravação. Em seguida, você poderá conferir uma lista dos equipamentos mais utilizados. Isso será útil para que você possa entender melhor as diferentes funções e os equipamentos necessários para uma produção de vídeo.

Diretor de fotografia: profissional responsável por cuidar de toda a estética da gravação. Ele deve ter sensibilidade para analisar a cena antes de ser gravada, sendo responsável pela iluminação e pelos enquadramentos. Em algumas situações, ele pode substituir o cinegrafista, caso necessário.

Iluminador: cuida de toda a parte de iluminação da gravação. Ele trabalha em conjunto com o diretor de fotografia para criar os enquadramentos desejados, direcionar a luz e ajustar a intensidade conforme as necessidades da cena. O iluminador executa as instruções e os comandos do diretor de fotografia para alcançar o resultado desejado.

Operador de áudio: posiciona os microfones de forma adequada para captar o som da melhor maneira possível. Também é responsável por garantir a qualidade direta do áudio durante a gravação, monitorando e ajustando os níveis de áudio conforme necessário.

Assistente: auxilia os profissionais em suas respectivas funções, fornecendo suporte e realizando tarefas diversas para garantir o bom andamento do processo. O assistente pode atuar em diferentes áreas, dependendo das necessidades específicas de cada projeto.

Contrarregra: cuida dos elementos cenográficos durante as gravações. Ele tem a função de posicionar e retirar objetos no cenário, além de organizá-los corretamente nos devidos lugares.

Maquinista: especializado no manuseio de equipamentos de movimento e estabilidade durante as gravações. Ele é responsável por operar gruas, trilhos para travelling, câmera car, spidercam e outros equipamentos semelhantes.

Produtor: coordenar e gerenciar o processo de produção, garantindo que todas as etapas sejam realizadas dentro do cronograma estabelecido. Além disso, o produtor também lida com questões relacionadas aos recursos financeiros, contratação de equipe, seleção de locações e obtenção de autorizações necessárias. O produtor precisa ter habilidades organizacionais e ser diligente para lidar com imprevistos, mantendo contato com outros profissionais e fornecedores, caso surjam problemas que exijam ajustes na equipe ou no cronograma.

Foquista: garante que as imagens estejam em foco durante as gravações. Ele trabalha em conjunto com o diretor de fotografia e o operador de câmera para determinar as configurações adequadas de foco e acompanhar o movimento da cena. Utiliza técnicas e equipamentos específicos, como monitores de assistência de foco e sistemas de follow focus, para garantir que os elementos principais estejam nítidos e em destaque. Antes das gravações, realiza ensaios e marcações de foco para garantir a precisão durante as filmagens.

Logger: acompanha as gravações e realiza o registro e organização dos arquivos de vídeo captados. Recebe o material bruto diretamente das câmeras e transfere para um computador ou servidor. Realiza a conferência dos arquivos, verificando a integridade e qualidade das imagens, além de realizar a identificação e catalogação adequada dos arquivos para facilitar o processo de pós-produção.

Continuísta: garante que todos os elementos, como enredo, falas, sonoplastia e imagens estejam em harmonia e sigam uma sequência coerente. O continuísta presta atenção especial aos detalhes, como a posição e o estado dos objetos em cena, para garantir que não haja quebras ou inconsistências na continuidade visual. É um papel importante para manter a coesão narrativa do vídeo, proporcionando uma experiência fluida e imersiva para o espectador.

Operador de câmera/cinegrafista: responsável por operar a câmera durante as gravações. Ele ajusta as configurações da câmera, como regulagem, balanço de branco e enquadramento, de acordo com as instruções do diretor de fotografia ou diretor do vídeo. O cinegrafista utiliza suas habilidades técnicas e criativas para capturar as melhores imagens, garantindo a qualidade visual desejada para o projeto.

Eletricista: cuida da parte elétrica durante as gravações. Ele dimensiona cabos, fusíveis e verifica a necessidade de geradores, garantindo que a iluminação e os outros equipamentos elétricos estejam funcionando corretamente.

Diretor de arte: cria a estética visual do vídeo. Trabalha em conjunto com o diretor para definir o estilo e a atmosfera que serão transmitidos nas cenas. Coordena uma equipe de profissionais, como figurinistas, maquiadores, cenógrafos e designers gráficos, a fim de garantir a consistência visual e a qualidade estética do projeto. Ele planeja as cores, os espaços e os ambientes das cenas, criando uma harmonia visual que contribui para a narrativa e a experiência do espectador.

Figurinista: cria todos os figurinos utilizados pelo elenco em um vídeo e cuida deles. Pesquisa, seleciona, adquire e faz ajustes nos figurinos para atender às necessidades estéticas e narrativas do vídeo. Também é responsável por garantir que os figurinos estejam em perfeito estado durante as gravações e ainda coordena as trocas de figurino entre as cenas, garantindo a continuidade visual.

Maquiador: cria e aplica a maquiagem no elenco de um vídeo. Também pode ser responsável por cuidar do cabelo e dos efeitos especiais de maquiagem, caso necessário. O maquiador trabalha em estreita colaboração com o figurinista. Durante as gravações, também é responsável por fazer retoques na maquiagem do elenco para garantir uma aparência consistente ao longo das cenas.

Cenógrafo: responsável por criar e coordenar a concepção e construção do cenário do vídeo. Trabalha em colaboração com o diretor de arte e coordena a equipe envolvida na construção do cenário. Também pode estar presente durante as gravações para realizar ajustes e garantir a qualidade visual do cenário.

Diretor de efeitos visuais: especializado em criar e supervisionar os efeitos visuais do vídeo. Ele trabalha em colaboração com a equipe desde a fase de pré-produção, desenvolvendo a proposta de efeitos visuais.

Diretor/produtor executivo: responsável pela gestão financeira e administrativa do projeto de vídeo. Embora não esteja envolvido diretamente nas questões técnicas, o diretor/produtor executivo conhece cada etapa da produção. Suas funções são garantir que o projeto esteja dentro do orçamento estabelecido, gerenciar os recursos financeiros disponíveis e tomar decisões estratégicas.

Atores: são os profissionais contratados para interpretar os personagens nas cenas do vídeo. Eles são responsáveis por dar vida às histórias e transmitir emoções por meio de suas atuações.

Catering: é o serviço responsável por fornecer alimentos e bebidas durante as gravações.

Segurança: responsável por garantir a segurança de todas as pessoas envolvidas na produção do vídeo, bem como a integridade dos equipamentos e do local de filmagem.

Motorista: responsável pelo transporte da equipe e dos equipamentos durante o processo de produção do vídeo.

Motoboy: responsável pela entrega ágil e segura de materiais relacionados à produção de vídeo.

Lista de equipamentos

Equipamentos como câmeras, iluminação, microfones e tripés dispensam apresentações. Agora, vamos falar sobre alguns equipamentos menos comuns:

Grua: equipamento de suporte para a câmera que permite movimentação suspensa, proporcionando imagens estabilizadas.

Steadicam: equipamento fixo no corpo do operador com um suporte que utiliza molas, roldanas, contrapesos e sistemas pantográficos para estabilizar a câmera, proporcionando imagens suaves e fluidas, dando a impressão de que a câmera flutua no ar.

Câmera car: equipamento que consiste em uma grua adaptada a um veículo, equipado com cabos e monitores para ajustar os enquadramentos da câmera utilizada. É especialmente útil em cenas de ação em ruas, estradas e em produções que envolvam veículos em movimento, como comerciais automotivos.

Spider cam: sistema que permite o movimento da câmera de forma vertical e horizontal sobre uma área pré-determinada, utilizando cabos de aço e roldanas. É amplamente utilizado em shows e eventos esportivos para capturar ângulos dinâmicos e imersivos.

Travelling: equipamento que permite o movimento suave da câmera ao longo de um trilho, garantindo uma gravação estável e livre de trepidações causadas por irregularidades no terreno.

Slider: equipamento de tamanho reduzido que permite a movimentação da câmera para acompanhar um objeto em movimento. Ao contrário do travelling, o slider é compacto o suficiente para ser colocado em uma mesa ou em um tripé, oferecendo flexibilidade na captura de imagens em movimento.

TP/Teleprompter: dispositivo que permite que o jornalista ou ator leia seu texto enquanto olha diretamente para a câmera. Essa ferramenta é amplamente utilizada em telejornais e produções em estúdio para facilitar a leitura de roteiros e promover uma comunicação fluida com o público.

Drone: dispositivo voador controlado remotamente que pode ser configurado como um mini-helicóptero, aeroplano ou multirrotor. Os drones são amplamente utilizados para capturar imagens aéreas de locais específicos ou de difícil acesso. No entanto, é importante ressaltar que a operação de drones está sujeita a regulamentações e restrições de cada país. No Brasil, por exemplo, é necessário estar cadastrado junto à Agência Nacional de Aviação Civil (Anac) e obter autorização do Departamento de Controle do Espaço Aéreo (Decea) para voar em determinados espaços aéreos. É fundamental seguir as normas e os regulamentos estabelecidos para garantir a segurança e evitar problemas legais.

Follow focus: dispositivo utilizado para controlar o anel de foco da câmera de forma precisa. Pode ser operado manual ou automaticamente, dependendo do modelo. Permite que o foquista ajuste o foco da câmera de acordo com as marcações previamente definidas durante os ensaios, garantindo imagens nítidas e com o foco adequado.

Autorização de imagem e de som

Para realizar a captação de imagens e sons para o seu vídeo, é importante obter a devida autorização das pessoas que vão participar do conteúdo. Existem modelos de autorização disponíveis, tanto para uso gratuito quanto remunerado. Certifique-se de solicitar a autorização apropriada e garanta que todos os envolvidos estejam de acordo com os termos acordados. Isso é essencial para evitar problemas legais e assegurar o uso adequado das imagens e dos sons em seu vídeo.

TERMO DE CESSÃO DE DIREITOS DE UTILIZAÇÃO E EXPLORAÇÃO DE PARTICIPAÇÃO INDIVIDUAL EM OBRAS INTELECTUAIS/ARTÍSTICAS

Participante:

Responsável:

RG: **Órg. Exp.:**
UF:

CPF:

Endereço:

Telefone:

E-mail:

OBS.: CASO O PARTICIPANTE SEJA MENOR DE 18 ANOS, O PRESENTE TERMO DEVERÁ SER PREENCHIDO E ASSINADO PELO RESPONSÁVEL

Pelo presente instrumento, o Participante acima qualificado e abaixo assinado cede e autoriza os direitos da sua participação individual (imagem, voz, performance e nome) nas gravações, transmissões e fixações da obra coletiva intelectual/artística intitulada "XXXXXXXX" e dela derivadas, de produção da

NOME DA EMPRESA, a ser exibido total ou parcialmente em canais de televisão, programas de rádio, mídias interativas, aparelhos compatíveis com a tecnologia 3G, internet, festivais e reprodução pública, assim também como em materiais impressos (livros, catálogos, revista, jornal, encarte e divulgação do mesmo) podendo ser integradas a qualquer outro material conhecido ou que venha a existir, em todos os ramos (publicidade, edição, documentário, imprensa, animação etc.) sendo ela de cunho comercial ou não. O Participante confirma que, seja qual for a utilização, gênero ou a importância da difusão, a remuneração prevista está fixada em "XXXXX" , já recebida pelo Participante. O mesmo reconhece que os seus direitos foram adequadamente respeitados e exclui qualquer pedido posterior de remuneração. O Participante responsabiliza-se integral e exclusivamente por suas declarações, comportamento e pelas informações fornecidas na gravação da "OBRA" inclusive no que tange à propaganda enganosa ou abusiva a que der causa, bem como quaisquer outras obrigações que decorram destas, tais como: direitos autorais, de propriedade, imagem e impostos. Nenhuma das utilizações previstas acima tem limitação de tempo ou de número de vezes, podendo ocorrer no Brasil e/ou no exterior, sem que seja devida ao Participante qualquer remuneração. Para os fins do presente instrumento, o Participante, neste ato, autoriza a proceder a qualquer transformação, alteração, incorporação, complementação, redução, ampliação, junção e/ou reunião da participação individual, por qualquer meio ou processo. O presente instrumento é firmado em caráter irrevogável e irretratável obrigando-se as partes por si, seus herdeiros e sucessores a qualquer título, ficando eleito o foro da Comarca de São Paulo para dirimir quaisquer dúvidas oriundas deste Termo.

São Paulo, ____ de _______________ de ______.

_________________________ _________________________

Participante Produção

Esse é apenas um modelo de autorização para agilizar o seu dia a dia. Você pode alterar de acordo com sua necessidade. Vale ressaltar que é de extrema importância ter um advogado especialista no assunto cuidando dos seus contratos.

Pós-produção

Que a mágica comece!

Depois de captar as imagens e os áudios, é necessário organizar esse material de acordo com o roteiro. Nessa etapa, os editores assumem o controle e iniciam o processo de pós-produção. A partir do material bruto fornecido, eles utilizam o roteiro como guia para organizar as cenas.

O trabalho dos editores é realmente fascinante! Eles são responsáveis por dar vida a todo o projeto. No entanto, isso não significa que seja uma tarefa fácil. Muito pelo contrário, demanda muito esforço e dedicação!

Edição (Linear e não linear)

A edição linear é uma abordagem mais antiga que surgiu antes da edição não linear. A partir dos anos 2000, a edição não linear ganhou destaque. Para entender melhor essas duas formas de edição, vamos explicá-las:

Linear (analógico)

O sistema linear funciona da seguinte forma: o material original é copiado para outra fita, e durante esse processo, os takes escolhidos são organizados. Esse tipo de edição só permite cortes lineares nas cenas, o que significa que, ao editar, é necessário passar por todas as cenas anteriores para chegar ao final. Além disso, não é possível adicionar imagens no meio da edição, o que requer atenção durante o processo.

Não linear (digital)

Diferentemente da edição linear, a edição não linear permite fazer ajustes e alterações de última hora, sem a necessidade de seguir uma sequência rígida. Isso é possível graças à tecnologia digital. A edição não linear oferece mais flexibilidade e liberdade criativa, especialmente em projetos de vídeo mais complexos e ousados. Uma característica fundamental para o New Rádio.

Correção de cor

A correção de cor tem como objetivo ajustar as características cromáticas e de iluminação do vídeo. Esse processo envolve várias técnicas que podem ser divididas em correção primária e correção secundária. A correção primária abrange ajustes gerais na tonalidade da imagem como um todo, enquanto a correção secundária permite fazer alterações focalizadas em áreas específicas. É recomendável aplicar o processo de correção em todas as imagens do vídeo.

Animação / efeitos visuais

A animação e os efeitos visuais devem ser planejados desde o início, na pré-produção, durante o briefing. Isso ocorre porque essas etapas são complexas e demandam mais tempo de produção, portanto, é importante incluí-las desde o início juntamente com as outras etapas do projeto.

Agora é com você

Chegamos ao fim do nosso guia prático. É importante ressaltar que não abordamos todos os elementos, pois o universo da produção audiovisual é vasto e abrange desde filmes de cinema até transmissões ao vivo de televisão e streaming. A intenção foi fornecer um ponto de partida para você começar. Antes de encerrarmos completamente, aqui vão algumas orientações essenciais:

- Um vídeo precisa transmitir muita informação em poucos minutos, às vezes até segundos. Por isso, é importante identificar quais informações são mais relevantes e devem ser incluídas no vídeo.
- Os detalhes fazem toda a diferença.
- A dinâmica das imagens é fundamental para evitar que o conteúdo se torne cansativo.
- Ninguém gosta de assistir a um vídeo monótono e entediante.
- Considere em qual plataforma o vídeo será divulgado.
- Inclua uma chamada para ação (call to action).
- Verifique se a trilha sonora escolhida não está protegida por direitos autorais.
- Procure por materiais de domínio público ou licenciados sob a Creative Commons.

"Ixi, muita coisa pra estudar. Tudo isso não pode ser substituído pelo uso do celular, e usar inteligência artificial para editar pra mim?", indaga Dona Juventina.

Glossário do New Rádio

É possível que você tenha se deparado com algumas palavras menos comuns no seu dia a dia. Por isso, a Dona Juventina, que estava muito atenta à nossa explicação, decidiu criar um glossário para ajudá-la. Será que também será útil para você?

- **5G** – Tecnologia de comunicação sem fio de última geração.
- **Ad-Blockers** – Programas que bloqueiam anúncios em sites e aplicativos.
- **Alexa** – Assistente virtual desenvolvida pela Amazon.
- **Algoritmos** – Conjunto de regras e cálculos usados para processar informações e tomar decisões automáticas.
- **All News** – Termo usado para descrever veículos de comunicação que cobrem uma ampla variedade de notícias.
- **AM** – Modulação em amplitude, uma forma de transmissão de rádio.
- **Amazon** – Gigante do comércio eletrônico e serviços em nuvem.
- **Âncora** – Apresentador principal de um programa de notícias ou telejornal.
- **Antena** – Dispositivo para receber ou transmitir sinais de rádio ou TV.
- **Apple** – Empresa de tecnologia conhecida por seus dispositivos e softwares.
- **Audiência** – Público de determinado meio de comunicação.
- **Avatar** – Representação gráfica de uma pessoa ou identidade online.
- **Backstage** – Área reservada para bastidores de um evento ou produção.
- **Banda larga** – Conexão de internet de alta velocidade.
- **Big Data** – Grande volume de dados que requer análise e processamento especializados.

- **Bits e bytes** – Unidades básicas de informação em computação.
- **Blackout** – Interrupção temporária de energia elétrica ou ausência de informações.
- **Blog** – Site ou plataforma para publicação de conteúdo regularmente.
- **Branding** – Processo de criação e gestão da marca de uma empresa para se destacar no mercado.
- **Breaking news** – Notícias de última hora ou de grande importância.
- **Breaks** – Intervalos comerciais durante programas de rádio ou TV.
- **Buscador** – Ferramenta online que permite buscar informações na internet, como um mecanismo de busca.
- **Call to action** – Convite ou estímulo para o público realizar uma ação específica.
- **CEO** – Sigla para Chief Executive Officer, o principal executivo de uma empresa.
- **Chat** – Conversa online em tempo real entre duas ou mais pessoas.
- **Chat GPT** – é uma ferramenta de processamento de linguagem natural orientada por IA, que possibilita conversas semelhantes às humanas com o chatbot.
- **Chips** – Circuitos integrados usados em dispositivos eletrônicos.
- **Cibernético** – Relativo à cibernética, ciência que estuda sistemas de controle e comunicação em seres vivos e máquinas.
- **Cookies** – Pequenos arquivos de texto armazenados no computador para rastrear atividades e personalizar experiências na web.
- **Dial** – Ação de sintonizar uma estação de rádio ao girar o botão ou selecionar a frequência no dial do aparelho receptor.
- **Difusão** – Transmissão ou disseminação de informações ou conteúdo.

- **Dislikes** – Indicações de desaprovação ou "não curtidas" em conteúdo online.
- **E-commerce** – Comércio eletrônico, compra e venda de produtos e serviços pela internet.
- **Engajamento** – Interação e envolvimento ativo do público com um conteúdo.
- **Facebook** – Rede social popular para conexão e compartilhamento.
- **Fake news** – Notícias falsas ou desinformação deliberada.
- **Feed** – Fluxo contínuo de conteúdo apresentado em ordem cronológica.
- **Fibra óptica** – Meio de transmissão de dados por meio de cabos de fibras ópticas.
- **FM** – Modulação em frequência, um método de transmissão de rádio.
- **Fonte** – Origem ou local onde algo é obtido ou produzido.
- **Gadgets** – Pequenos e úteis dispositivos eletrônicos.
- **Google** – Empresa de tecnologia conhecida por seu mecanismo de busca e serviços online.
- **Google Ads** – Plataforma de publicidade online do Google.
- **Google Analytics** – Serviço de análise de dados oferecido pelo Google.
- **Hacker** – Indivíduo com habilidades técnicas para explorar sistemas de computadores (normalmente de maneira clandestina, ilegal ou irregular).
- **Hacks** – Dicas, truques ou soluções rápidas para facilitar ou melhorar algo.
- **Handbook** – Manual ou guia com instruções ou informações.
- **Hits** – Músicas populares e de grande sucesso, amplamente reproduzidas e no topo das paradas de sucesso.
- **Inscrições** – Ato de se inscrever ou registrar em algo, como um canal de YouTube.

- **Instagram** – Plataforma de mídia social focada em compartilhamento de fotos e vídeos.
- **Inteligência Artificial** – Ramo da ciência da computação que cria sistemas inteligentes.
- **Internet das Coisas (IdC)** – Conexão de dispositivos físicos à internet para troca de dados.
- **Internauta** – Pessoa que utiliza a internet.
- **Jingles** – Pequenas músicas ou melodias usadas em propagandas.
- **Kantar Ibope** – Empresa de pesquisa de mercado e audiência.
- **Key messages** – Mensagens principais ou pontos-chave de um discurso ou campanha.
- **Lead** – Primeira frase ou parágrafo de uma matéria jornalística.
- **Lettering** – Processo de adicionar letras ou palavras a uma imagem ou design.
- **Like** – Ação de curtir ou expressar aprovação em mídias sociais.
- **Marketing de conteúdo** – Estratégia de marketing que envolve a criação e o compartilhamento de conteúdo relevante para atrair e engajar o público.
- **Marketing digital** – Promoção de produtos ou serviços usando canais digitais.
- **Meta** – Empresa fundada originalmente como Facebook em 2004.
- **Metaverso** – Ambiente de realidade virtual compartilhado e interativo.
- **Métricas** – Medidas e indicadores usados para avaliar o desempenho.
- **Microsoft** – Empresa de tecnologia conhecida por seu software e serviços.
- **Mídia kit** – Material informativo sobre um veículo de comunicação, usado para atrair anunciantes.

- **Mídias sociais** – Plataformas online onde as pessoas podem compartilhar, interagir e se conectar, como Facebook, Instagram e X (antigo Twitter).
- **Monetização** – Processo de geração de receita a partir de uma plataforma, como publicidade ou venda de produtos.
- **MP3** – Formato de arquivo de áudio digital compactado.
- **Multiplataforma** – Disponibilidade em diferentes dispositivos ou sistemas operacionais.
- **Narrativa** – Estrutura de contar uma história ou transmitir informações.
- **Network** – Conjunto interconectado de dispositivos para comunicação e compartilhamento de informações.
- **Nuvem** – Armazenamento e processamento de dados em servidores remotos.
- **Off** – É uma abreviação de "off the record", algo como fora de registro.
- **Ombudsman** – Profissional designado para tratar de reclamações ou críticas dos leitores/ouvintes/telespectadores.
- **Ouvinte** – Pessoa que ouve um programa de rádio ou podcast.
- **Paywall** – Mecanismo que restringe o acesso a determinado conteúdo online, a menos que se pague uma taxa.
- **Playlist** – Lista de músicas ou vídeos selecionados para reprodução sequencial.
- **Radiodifusão** – Transmissão de conteúdo por meio de ondas de rádio.
- **Realidade Aumentada (RA)** – Tecnologia que sobreposta elementos virtuais no mundo real.
- **Realidade Virtual (RV)** – Ambiente simulado digitalmente que parece real.
- **Redes sociais** – Plataformas online que permitem às pessoas se conectar, compartilhar conteúdo e interagir.
- **Reels** – Recurso do Instagram para criar e compartilhar vídeos curtos.

- **Remarketing** – Estratégia de marketing que visa alcançar novamente usuários que já interagiram com uma marca.
- **Responsivo** – Design ou site que se adapta a diferentes dispositivos e tamanhos de tela.
- **SEO** – Otimização de mecanismos de busca, técnicas para melhorar o posicionamento de um site nos resultados de busca.
- **Shorts** – Vídeos curtos e verticais compartilhados na plataforma do YouTube.
- **Siri** – Assistente virtual desenvolvida pela Apple.
- **Social media** – Plataformas de mídia social para interação e compartilhamento.
- **Slogan** – Frase curta e memorável usada em publicidade para identificar uma marca ou um produto.
- **Smart speakers** – Alto-falantes inteligentes que respondem a comandos de voz, como o Amazon Echo ou Google Home.
- **Smartphones** – Dispositivos móveis avançados que combinam funções de telefone, internet e computador.
- **Spot** – Anúncio curto em rádio ou TV.
- **Stories** – Recurso de compartilhamento de fotos e vídeos temporários.
- **Streaming** – Transmissão de áudio ou vídeo em tempo real pela internet.
- **Talk radio** – Programa de rádio focado em discussões, entrevistas e debates.
- **Talk show** – Programa de TV ou rádio que apresenta entrevistas e conversas com convidados.
- **Telespectadores** – Pessoas que assistem à televisão.
- **Telegram** – Plataforma de mensagens instantâneas e bate-papo em grupo.
- **TikTok** – Plataforma de mídia social para criação e compartilhamento de vídeos curtos.

- **Twitch** – Plataforma de streaming voltada para jogos eletrônicos e transmissões ao vivo.
- **Torrent** – Protocolo de compartilhamento de arquivos ponto a ponto na internet.
- **Twitter (atual X)** – Rede social focada em compartilhamento de mensagens curtas.
- **WhatsApp** – Aplicativo de mensagens instantâneas e chamadas de voz.
- **Web 3.0** – Visão da internet como uma plataforma colaborativa e interativa.
- **Wikipédia** – Enciclopédia online colaborativa e gratuita.

Para saber mais

Livros

- BARBEIRO, Heródoto. **Relatórios da CIA**. Rio de Janeiro: Ediouro, 2006.
- BARBEIRO, Heródoto. **Falar para liderar**. Coimbra: Actual, 2020a.
- BARBEIRO, Heródoto. **Mídia training**: como usar as mídias sociais a seu favor. Coimbra: Actual, 2020b.
- BARBEIRO, Heródoto. **Budismo**. [*S.l.*]: My News, 2023.
- BARBEIRO, Heródoto; KORTE, Gustavo. **Com a bola no pé e a urna na cabeça**. São Paulo: Harbra, 2018.
- BARBEIRO, Heródoto; SIMONS, Udo. **Jornalismo para leigos**. São Paulo: Alta Books, 2019.
- BARBEIRO, Heródoto; FRATESCHI JR., Nilo; VÍTOLO, Fernando. **100 anos de rádio no Brasil**. São Paulo: La Fonte, 2022.
- CIALDINI, Robert. **As armas da persuasão**. São Paulo: Sextante, 2012.
- GALLO, Carmine. **Storytelling**. São Paulo: Alta Books, 2019.
- GELLER, Valerie. **Beyond Powerful Radio**: A communicator's guide to the internet. Londres: Routledge, 2015.
- KOTLER, Philip. **Marketing de A a Z**. São Paulo: GEN Atlas, 2003.
- MATIAS, Eduardo Felipe P. **A humanidade e suas fronteiras**. São Paulo: Paz e Terra, 2012.
- MOWAT, Jon. **Video Marketing**. Belo Horizonte: Autêntica Business, 2018.
- NÓBREGA, Marcelo de Freitas. **Você está contratado**. São Paulo: Évora, 2014.
- POLITO, Reinaldo. **Como falar corretamente e sem inibições**. São Paulo: Benvirá, 2016.
- SUN, Tzu. **A arte da guerra**. Jandira: Principis, 2019.
- TRANJAN, Roberto. **Pedaços de Brasil que dão certo**. São Paulo: Buzz, 2023.

Filmes, séries e documentários

- **A ERA DO RÁDIO**. Direção de Woody Allen. Produção de Robert Greenhut. EUA: Orion Pictures, 1987. 88 min.
- **A REDE SOCIAL**. Direção de David Fincher. Produção de Scott Rudin, Dana Brunetti, Michael De Luca e Ceán Chaffin. EUA: Columbia Pictures, 2010. 120 min.
- **AIR: A HISTÓRIA POR TRÁS DO LOGO**. Direção de Ben Affleck. EUA: Warner Bros, 2023. 112 min.
- **ARREMESSO FINAL**. Direção de Jason Hehir. Produção de Mike Tollin. EUA: Netflix, 2020. 10 episódios.
- **MUITO ALÉM DO CIDADÃO KANE**. Direção de Simon Hartog. Produção de John Ellis. Reino Unido: Channel 4, 1993. 100 min.
- **NAZI SECRET FILES** (T1 EP.6 – Nazi Jihad). Direção e produção variam por episódio. Discovery Communications, 2016.
- **O DILEMA DAS REDES**. Direção de Jeff Orlowski. Produção de Larissa Rhodes. EUA: Netflix, 2020. 94 min.
- **PEPSI, CADÊ MEU AVIÃO?** Direção de Andrew Renzi. EUA: Netflix, 2022. 158 min.
- **PRIVACIDADE HACKEADA**. Direção de Karim Amer e Jehane Noujaim. Produção de Karim Amer, Geralyn Dreyfous e Judy Korin. EUA: Netflix, 2019. 113 min.
- **THE PROPAGANDA GAME.** Direção de Álvaro Longoria. Produção de Álvaro Longoria. Espanha: Canal+ España, 2015. 94 min.

Artigos e notícias

- BENEVIDES, Gabriel. CHAT GPT: Lista 100 profissões afetadas pela inteligência artificial. **Poder 360**, 02 abr. 2023. Disponível em: https://www.poder360.com.br/poder-empreendedor/chat-gpt-lista-100-profissoes-afetadas-pela-inteligencia-artificial/. Acesso em: 24 abr. 2024.
- BRAGADO, Louise. Grupo de mídia alemão alerta que IA pode substituir jornalismo e diz que vai cortar empregos. Época Negócios, 01 mar. 2023. Disponível em: https://epocanegocios.globo.

com/tecnologia/noticia/2023/03/grupo-de-midia-alemao-alerta-que-ia-pode-substituir-jornalismo-e-diz-que-vai-cortar-empregos.ghtml. Acesso em: 24 abr. 2024.

- DIAS, Guilherme. O fim dos anúncios da internet. **Acontecendo Aqui**, 09 mar. 2022. Disponível em: https://acontecendoaqui.com.br/propaganda/artigo-o-fim-dos-anuncios-na-internet-como-conhecemos-hoje/. Acesso em: 24 abr. 2024.
- KIDDER, Rushworth. Repairing the Three-legged Stool of Ethics: A Conversation with Rushworth Kidder. **Maine Policy Review**, v. 1, n. 3, p. 29-36, 1992. Disponível em: https://digitalcommons.library.umaine.edu/cgi/viewcontent.cgi?article=1563&context=mpr. Acesso em: 30 abr. 2024.
- LOPES, Cristiano. Qual o futuro dos podcasts no Brasil? **Hoje em Dia**, 27 maio 2023. Disponível em: https://www.hojeemdia.com.br/opiniao/cristiano-lopes/qual-o-futuro-dos-podcasts-no-brasil-1.963399. Acesso em: 30 abr. 2024.
- NEVES, Leandro. 7,4 milhões de brasileiros já ouvem rádio pela internet. **A Gazeta**, 30 set. 2022. Disponível em: https://www.agazeta.com.br/colunas/pelo-mercado/74-milhoes-de-brasileiros-ja-ouvem-radio-pela-internet-0922. Acesso em: 24 abr. 2024.
- PACETE, Luiz Gustavo. Brasil é o terceiro maior consumidor de redes sociais em todo o mundo. **Forbes**, 09 mar. 2023. Disponível em: https://forbes.com.br/forbes-tech/2023/03/brasil-e-o-terceiro-pais-que-mais-consome-redes-sociais-em-todo-o-mundo/. Acesso em: 24 abr. 2024.
- SOUZA. Mayara. O que é metaverso? Entenda por que ele é importante. Livecoins, 05 dez. 2021. Disponível em: https://livecoins.com.br/o-que-e-metaverso-entenda-por-que-ele-e-importante/. Acesso em: 22 abr. 2024.
- TOLEDO, Mariana. "Para os anunciantes, é essencial estarmos em todas as plataformas", diz executivo da CNN Brasil. **Tela Viva**, 8 ago. 2023. Dispwonível em: https://telaviva.com.br/08/08/2023/para-os-anunciantes-e-essencial-estarmos-em-todas-as-plataformas-diz-executivo-da-cnn-brasil/. Acesso em: 23 abr. 2024.

Dados e referências

CECI, Laura. Number of registered Discord users worldwide from May 2017 to January 2023. **Statista**, 01 ago. 2023. Disponível em: https://www.statista.com/statistics/1367922/discord-registered-users-worldwide/. Acesso em: 22 abr. 2024.

COMSCORE BRASIL. **Tendências de Social Media 2023**. [*S.l.*]: Comscore, 2023. Disponível em: https://static.poder360.com.br/2023/03/Tendencias-de-Social-Media-2023-1.pdf. Acesso em: 24 abr. 2024.

DI LORENZO, Alessandro. Spotify supera 600 milhões de usuários ativos e diminui prejuízo. **Olhar Digital**, 06 fev. 2024. Disponível em: https://olhardigital.com.br/2024/02/06/pro/spotify-supera-600-milhoes-de-usuarios-ativos-e-diminui-prejuizo/#:~:text=No%20total%2C%20o%20Spotify%20finalizou,do%20terceiro%20trimestre%20do%20ano. Acesso em: 22 abr. 2024.

DIXON, Stacy Jo. Most popular social networks worldwide as of January 2024, ranked by number of monthly active users. Statista, 02 fev. 2024. Disonível em: https://www.statista.com/statistics/272014/global-social-networks-ranked-by-number-of-users. Acesso em: 22 abr. 2024.

FERREIRA, Tamires. LinkedIn atinge 1 bilhão de usuários e entra para "elite" das redes sociais. **Olhar Digital**, 02 nov. 2023. Disponível em: https://olhardigital.com.br/2023/11/02/internet-e-redes-sociais/linkedin-atinge-1-bilhao-de-usuarios-e-entra-para-elite-das-redes-sociais/. Acesso em: 22 abr. 2024.

GPT-4 is OpenAI's most advanced system, producing safer and more useful responses. **OpenAI**, 2024. https://openai.com/gpt-4. Acesso em: 24 abr. 2024.

HAAS, Guilherme. Facebook bate recorde e é usado por quase 40% da população mundial. **Canaltech**, 27 jul. 2023. Disponível em: https://canaltech.com.br/redes-sociais/facebook-bate-recorde-e-e-usado-por-quase-40-da-populacao-mundial-257462/. Acesso em: 22 abr. 2024.

INSIDE ÁUDIO 2023. Estudos. **Kantar Ibope Media**, 20 set. 2023. Disponível em: https://kantaribopemedia.com/conteudo/estudo/inside-audio-2023/. Acesso em: 17 abr. 2024.

KANTAR IBOPE divulga pesquisa sobre publicidade no rádio. **Aerp**, 21 set. 2021. Disponível em: https://aerp.org.br/geral/kantar-ibope-divulga-pesquisa-sobre-publicidade-no-radio/. Acesso em: 14 fev. 2024.

RIAÑO, Peio H. El Gobierno reconoce al podcast como industria cultural. **El Diario**, 20 jun. 2023. Disponível em: https://www.eldiario.es/cultura/gobierno-reconoce-podcast-industria-cultural_1_10312306.html. Acesso em: 22 abr. 2024.

SHEPHERD, Jack. 23 Essential YouTube Statistics You Need to Know in 2024. Social **Shepherd**, 26 fev. 2024. Disponível em: https://thesocialshepherd.com/blog/youtube-statistics#:~:text=There%20Are%202.7%20Billion%20Monthly%20Active%20YouTube%20Users%20Worldwide&text=In%20terms%20of%20daily%20active,122%20million%20users%20per%20day. Acesso em: 22 abr. 2024.

SOLLITTO, André. O streaming ainda vai crescer muito no mundo. Estamos só no começo. **Veja**, 19 jul. 2023. Disponível em: https://veja.abril.com.br/tecnologia/o-streaming-ainda-vai-crescer-muito-no-mundo-estamos-so-no-comeco#:~:text=Com%20140%20milh%C3%B5es%20de%20usu%C3%A1rios,conte%C3%BAdo%20ao%20vivo%20do%20mundo. Acesso em: 23 abr. 2024.

Last but not least

1. Boas histórias cabem em qualquer plataforma de mídia. Ninguém resiste a uma boa história.
2. A maior parte do público ouve rádio sozinho. Exceção para o carro com passageiros.
3. Os melhores apresentadores são os bons contadores de histórias. Os melhores contadores de histórias são aqueles que melhor observam o dia a dia das pessoas.
4. Faça sentir que há um amigo atrás do microfone. Busque a proximidade do ouvinte.
5. Conquistar audiência, não importa a plataforma, é um processo.
6. A maior parte dos ouvintes pela manhã está em carros ou no transporte público.
7. Na produção de programas, às vezes, menos é mais.
8. Entrevistas, humor e atualidades são os diferenciais competitivos para conquistar audiência.
9. Relógios existem em todo lugar, principalmente no rádio. Diga sempre a hora no programa.
10. Não pode faltar prestação de serviços durante toda a programação. Trânsito, estradas, aeroportos, tempo, temperatura, transporte público etc.
11. O original sempre bate a imitação.
12. Tenha cuidado ao pronunciar palavras, especialmente nomes.
13. Cuidado com a verborragia, ela espanta o público.
14. Fale de maneira concisa, dispense as muletas enchedoras de linguiça.
15. Inspire-se em quem faz sucesso, mas crie sua própria personalidade.
16. Não se esqueça de postar regularmente em suas redes sociais.
17. Talk shows são uma arte, não uma ciência exata.
18. Não deixe de dar crédito a todos, inclusive aos concorrentes.
19. Entrevistados chatos, cansativos devem ser dispensados logo.
20. Se for brilhante, procure mantê-lo o máximo possível no programa.
21. A duração de uma entrevista deve ter o tamanho da importância do assunto.

22 Não é possível fazer programas, jornalísticos ou não, sem correr riscos.
23 Aos poucos, permita que o público conheça sua personalidade, seus gostos, suas preferências, porém sem expor a intimidade.
24 Identifique o que o público quer saber.
25 Repetição, sem ser chato, é uma forma de fidelizar o público.
26 Surpreenda sempre o público, até mesmo com o intervalo comercial.
27 Se prometeu, cumpra. Se disse que vai dar a condição das estradas a cada dez minutos, cumpra.
28 O talento está sempre mudando.
29 Fale no programa como fala com as pessoas no dia a dia.
30 Conte uma história, não leia uma história.
31 Não use palavras como "intervalo", "break comercial" e seus sinônimos.
32 Tenha em mãos fontes confiáveis e que falem bem.
33 Charges sonoras são bem-vindas se forem espirituosas e não ofensivas.
34 Não esqueça que o New Rádio tem alcance global.
35 Ninguém faz nada sozinho, lidere toda a equipe.
36 O estúdio pode ser na sede da empresa, em sua casa ou na estação de metrô. O que interessa é o conteúdo e as boas histórias.
37 Dê o melhor conteúdo para a audiência, ela está retribuindo com fidelização.
38 Como um comandante de avião, faça o *check* antes de sair falando.
39 Não misture os assuntos, prefira um por vez.
40 Elogios para toda a equipe, crítica somente individual e com a porta fechada.
41 Redação de programas não deve ser confundida com cozinha de pizzaria.
42 Concentre-se no programa, deixe as broncas para mais tarde.
43 Use a linguagem visual para a audiência "ver" a história que está contando.
44 Mensagem de ouvinte, independentemente da plataforma, não é indicativo de audiência.
45 Procure temas que atinjam a maioria dos ouvintes.

46 Não seja falastrão, enchedor de linguiça.
47 Eu me chamo trabalho... negativo. Viva a vida.
48 Esteja sempre na leitura da metade de um livro, e-book ou não. Leia.
49 O humor sempre atrai mais audiência.
50 Se ocorrer um caso importante durante o programa, abandone o produzido e cavalgue o novo tema.
51 Isto é relevante? Isto interessa à maioria? Se disser não, vire a página.
52 Twitter Trends e Google Trends ajudam a descobrir o que sua audiência fala.
53 Como o programa pode participar dos assuntos mais divulgados na internet?
54 O público quer mais que fatos, quer saber como eles acontecem.
55 Nos dias em que nada acontece, abra a gaveta dos assuntos mais recentes.
56 Faça sua emissora transmitir o novo, o inusitado, o surpreendente.
57 Na reunião com a equipe, avalie o que funciona e o que espanta a audiência.
58 Líderes explicam o que fazer e como fazer.
59 Não ataque pessoalmente ninguém, nem o técnico do seu time.
60 Não minta, nem no microfone, nem no corredor, nem no home office.
61 Você pode "ver" a história que está sendo contada no programa?
62 Acreditar que a participação do ouvinte é sinal de grande audiência é o ouro dos tolos.
63 Criatividade sempre embute riscos.
64 Ideias para o programa não se resumem a uma reunião, precisam de atenção 24 horas por dia.
65 Antes de pôr alguém no ar por Skype ou qualquer outra plataforma, cheque o áudio e fique esperto se travar.
66 Fatos que ocorrem quando o programa está sendo apresentado podem derrubar qualquer pauta pré-agendada.
67 A imagem do YouTube é bem-vinda, mas o rádio alcança o público com o som.
68 Quando tiver uma boa ideia, não importa onde nem em que momento, anote-a em seu smartphone.

69 Se quiser se tornar um líder, divida o sucesso com os demais, assuma sozinho o fracasso.
70 Pergunte-se diariamente o que as pessoas querem saber, o que estão falando e o que elas estão fazendo no momento do programa.
71 Adapte-se às mudanças: Esteja sempre atualizado com as novas tecnologias e tendências.
72 Grandes produtores não nascem, se formam.
73 Nunca chame um convidado se não tiver um propósito.
74 Ouvintes são curiosos sobre fatos da sua cidade, região, continente e do mundo.
75 Talk shows são coalhados de opiniões de entrevistados.
76 Não seja modesto em convidar o OUTRO lado de um tema polêmico.
77 Evite questões longas, chatas, intermináveis e descarte preâmbulos, introduções e prolegômenos.
78 Lembre-se que táxis, aplicativos e vans levam, além do motorista, passageiros que precisam ser alcançados.
79 Antes de pôr alguém no ar, pergunte o que a audiência quer saber sobre o tema.
80 Tenha como foco a sua audiência e não apenas aqueles que sempre interagem pelas mídias sociais.
81 Tem certeza de que o seu entrevistado tem uma boa história para contar?
82 Uma boa entrevista alavanca a audiência, uma ruim arruína.
83 Lembre-se de dar cabo do juridiquês, mediquês, mercadoquês e outro dialeto só para iniciados.
84 Se você está realmente curioso sobre o assunto da entrevista, ela vai ser um sucesso.
85 Não faça resumo do que o entrevistado acabou de explicar, deixe isso para o ouvinte.
86 Não esqueça que emissoras e programas existem para o público, pelo público e com o público.
87 O New Rádio tem, graças à internet, alcance global. Por isso, tem ouvintes espalhados pelos cinco continentes e, em breve, no espaço.
88 Esteja engajado em temas globais como meio ambiente, defesa dos direitos humanos, paz, aquecimento global, lixo nos oceanos etc.

89 Seres humanos preferem mais boas histórias do que efeitos especiais histriônicos.

90 Não há histórias ruins, o que há são contadores de histórias ruins.

91 Todo mundo sabe quando o conteúdo é verdadeiro ou não. Não tente enganar o ouvinte.

92 Se estiver o tempo todo na zona de conforto, alguma coisa está errada.

93 Deixe a audiência formar sua própria opinião sobre os temas tratados no programa. Seja um líder servidor.

94 Treine sua voz. Diferenças de tons ao contar histórias ajudam a se aproximar do ouvinte. Mas não seja canastrão, não precisa chorar no microfone.

95 É possível desenvolver uma voz forte, agradável, suave e atrativa. Para tanto, com ou sem a ajuda de um fonoaudiólogo, é preciso treinar, treinar e treinar.

96 Beba água à vontade enquanto trabalha. Se possível, faça o programa de pé no estúdio. A voz sai com mais facilidade.

97 Quem sabe controlar bem a respiração no diafragma raramente fica sem voz no ar. A prática de yoga ajuda.

98 O New Rádio navega na multiplataforma. Por isso, apesar de não ser essencial, também tem imagem. Veja se está agradável.

99 Um sorriso no seu rosto logo passa para a sua voz.

100 Cada plataforma do New Rádio tem suas características próprias. Conheça todas.

101 O New Rádio é fruto da evolução da tecnologia digital e está preparado para atravessar com sucesso todo o século 21.